CÉSAR TUCCI

FAZ SENTIDO PRA VOCÊ!

Como a clareza de
sentido pode ajudar
você a florescer
e transformar
o mundo

1ª edição

Editora Leader.

São Paulo, 2018

Copyright© 2018 by Editora Leader
Todos os direitos da primeira edição são reservados à **Editora Leader**

Diretora de projetos: Andréia Roma
Diretor executivo: Alessandro Roma
Marketing editorial: Gabriella Pires
Gerente comercial: Liliana Araujo
Atendimento: Rosângela Barbosa

Diagramação: Roberta Regato
Capa: Luíza Aché
Foto da capa: Photo by Trust Tru Katsande on Unsplash
Revisão: Miriam Franco Novaes
Impressão: Forma Certa

Dados Internacionais de Catalogação na Publicação (CIP)
Bibliotecária responsável: Aline Graziele Benitez CRB8/9922

T824f   Tucci, Cesar

       Faz sentido para você / Cesar Tucci. – 1.ed. – São Paulo: Leader, 2018.

       ISBN: 978-85-5474-031-3

       1. Autoajuda. 2. Desenvolvimento pessoal. 3.Liderança. 4. Comportamento. I. Título.

       CDD 158.1

Índice para catálogo sistemático: 1. Autoajuda: desenvolvimento pessoal
2. Comportamento: liderança

EDITORA LEADER
Rua Nuto Santana, 65, 2º andar, sala 3
02970-000, Jardim São José, São Paulo - SP
(11) 3991-6136 / contato@editoraleader.com.br

Para meus filhos, Clara, Ariel e Vitor, meus sobrinhos, Henrique, Heloísa, Ítalo e Gabriela, e meus enteados, Lucas, Pedro, Marcela e Theo, jovens em cuja convivência aprendi a amar e respeitar todos os outros jovens do planeta.

AGRADECIMENTOS

Agradeço aos meus pais, Sérgio e Conceição, pois devo a eles grande parte do que sou, incluindo os valores mais nobres que eles souberam transmitir com profundo amor. Às minhas irmãs, Tânia e Iracema, primos e familiares por terem feito da minha juventude um período tão feliz e rico em diversão e afetividade.

Agradeço aos filhos, sobrinhos e enteados, já citados na dedicatória, com quem aprendo continuamente a rever os meus conceitos e a desconstruir meus preconceitos.

Agradeço à minha esposa, Neusa, pelas horas e horas roubadas de nossa convivência, para que este livro se tornasse realidade. Não seria a mesma coisa sem o seu apoio.

Agradeço aos inúmeros jovens com quem tive o prazer de conversar e permutar ideias, seja nos encontros durante os treinamentos formais, seja nas improvisadas rodas de diálogo, ou através das pesquisas que disparei e que foram fundamentais para a concretização deste trabalho.

Agradeço a tantos amigos que contribuíram, deram ideias, compartilharam histórias e colaboraram de forma direta ou indireta para que este livro tivesse alma. Peço licença para não citar nomes, evitando alongar-me demais ou cometer injustiças.

Na figura do estimado professor Luciano Alves Meira, agradeço a todos os professores do MBA Desenvolvimento do Potencial Humano - promovido pela parceria entre a IPOG, Vital Smarts e Franklin Covey do Brasil, entre 2016 e 2017 – no qual a ideia deste livro ganhou maior impulso. Vocês mudaram a minha vida.

Agradeço ao mestre Marcos Wunderlich, do Instituto Holos, de Santa Catarina, onde me formei Master Coach e com quem aprendi muito sobre liderança e espiritualidade.

Agradeço à Andreia Roma, CEO da Editora Leader, incentivadora e parceira maior deste projeto realizado com extremo profissionalismo.

E para ser coerente com o que sinto, agradeço a cada pessoa que cruzou meu caminho – familiar, amigo, colega de trabalho, colega de estudo, professor, aluno, parceiro, afeto, desafeto, visíveis e até invisíveis -, pois sei que aprendi com cada uma delas e que a soma do que vivemos e aprendemos juntos é que me fez ser quem sou e chegar aonde estou. Muitos mestres, muitos professores – alguns por vias tortas –, muitas histórias que hoje fazem parte do meu repertório emocional e espiritual como bagagem valiosa.

E, finalmente, a todos estes maravilhosos autores, estudiosos, palestrantes, cientistas, pensadores de ontem e de hoje que me fazem companhia por meio de livros, vídeos, documentários, textos, *posts* e mídias diversas. Agradeço a Deus todos os dias por vocês existirem.

ÍNDICE

PREFÁCIO 8

PORQUE ESCREVI ESTE LIVRO 10

INTRODUÇÃO 16

1- SIM, VOCÊ É ALGUÉM 21

2- ABRACE SUA VULNERABILIDADE, ENCONTRE
O SEU SENTIDO E NÃO SE COMPARE 35

3- SEJA UM ESPECIALISTA EM VOCÊ 57

4- BUSQUE PACIENTEMENTE IDENTIFICAR O SEU PROPÓSITO 85

5- NÃO PERCA O SEU NORTE 105

6- CONSTRUA O MUNDO QUE VOCÊ DESEJA 115

7- RESPONDA: DE QUE LADO DA FORÇA VOCÊ ESTÁ? 141

8- VEJA ALÉM DO SEU UMBIGO 149

9- EU VOS CONVIDO A FLORESCER 163

10- FAÇA UMA TORTA SALGADA 181

CONCLUSÃO 185

CÉSAR TUCCI

PREFÁCIO

Ajudar o leitor a florescer e transformar o mundo são os objetivos a que se propõe o autor desta obra. César Tucci, que começa o livro narrando de sua própria trajetória, tornou-se especialista em Desenvolvimento do Potencial Humano e tem a experiência mais do que necessária para falar aos jovens sobre como superar seus maiores desafios.

Ele dedica a obra a seus filhos, sobrinhos e enteados, numa demonstração de que a vivência com esses e outros jovens marcou sua vida e o fez relatar, de um lado, as dificuldades da fase em que têm de se decidir por uma carreira, nem sempre dentro das expectativas da família e, por outro, como eles podem fazer escolhas que os façam florescer e se ajustar ao mundo atual, marcado por mudanças tão rápidas e novos conceitos de vida e de trabalho.

César Tucci é *coach*, mentor, palestrante e treinador/facilitador em *workshops*, seminários e outros eventos educacionais em empresas, escolas e organizações do terceiro setor. Ele atua profissional e voluntariamente com grupos de jovens desde que era jovem também. Escreve para *blogs*, é autor de *ebooks*, coautor de livros, artigos, poemas, *jingles* e peças teatrais aplicadas em ações educacionais, treinamentos, congressos e seminários.

Com toda a influência de sua atividade profissional, ele reuniu em dez capítulos tudo que acredita que possa ajudar o leitor na busca por uma vida pessoal e profissional com sentido. Com uma linguagem agradável, permeada de bom humor, que traz suavidade a assuntos tão sérios como a depressão e o desânimo, usa casos reais e lança mão da Psicologia Positiva e do Coaching, por exemplo, para que o leitor encontre seu propósito na vida. Mas o grande diferencial - ou seria melhor dizer um presente - é que proporciona a interatividade com os leitores através de QR Codes ao fim dos capítulos para que acessem vídeos do autor e depois possam deixar seus comentários.

Sim, um livro que faz uso da tecnologia e é dirigido aos jovens, mas também a todos os que estão envolvidos com eles, procuram compreendê-los e se interessam por seu desenvolvimento como pessoas, acima de tudo.

Boa leitura!

Andréia Roma
Fundadora e diretora de projetos da Editora Leader

CÉSAR TUCCI

PORQUE ESCREVI ESTE LIVRO

Eu era um jovem de apenas 21 anos quando enfrentei minha primeira grande crise existencial.

Cresci numa família amorosa, recebi sólida educação moral, encontrei nos estudos uma forma de me destacar socialmente e no trabalho voluntário um meio de me sentir importante, atendendo a uma necessidade íntima de sentir que eu participava de algo que fizesse sentido para mim e que, de alguma forma, contribuísse para um mundo melhor.

Nesse meio, fiz muito amigos, aprendi a tocar violão, escrevi algumas canções, participei de festivais de música e peças de teatro, sonhei em ser músico, cantor, escritor, professor... Com apenas 16 anos eu já coordenava voluntariamente grupos de estudo de jovens interessados em Filosofia, ciência e religião, em que rapidamente me tornei instrutor e um dos mentores dos jovens que chegavam, alguns até mais velhos do que eu.

Nessa mesma época começou minha paixão pelos livros e meu amor pelo diálogo – adorava um "papo-cabeça" que atravessasse a madrugada, principalmente se fosse entre amigos e intercalado por música.

Mas sempre fui introvertido. Tímido às vezes, introvertido quase sempre. Buscava minhas energias em meu mundo interior, em meus pensamentos, em minhas reflexões, minhas leituras, em meus sonhos e, por essas e outras características, muitas vezes me sentia sozinho.

Tive muitos amores platônicos desde a pré-adolescência e duas namoradas de verdade dos 16 aos 21 anos. Eu me achava magro demais e muito sem graça. Bom ouvinte, virava sempre "o melhor amigo" das garotas. O dinheiro era contado. Não me encaixava no modelo de macho alfa, não representava o tipo de alta *performance* da época.

Comecei a trabalhar cedo – o que era muito comum em minha geração. Aos 14 anos ajudava meu pai na lanchonete que ele mantinha com um sócio e aos 15 cheguei ao meu primeiro emprego com carteira assinada – carteira que não ficaria mais de três meses sem registro durante os próximos 38 anos.

Aquele clima juvenil e descompromissado, porém, foi ficando para trás conforme eu crescia e as cobranças se agigantavam.

Decidir qual faculdade fazer, escolher o curso, passar no vestibular, dar conta de estudar e trabalhar ao mesmo tempo, conquistar meu lugar no mercado de trabalho, competir por determinadas posições, aprender a vender, a negociar e a me defender, lidar com frustrações e injustiças, construir um patrimônio, descobrir que nem todos eram éticos ou se importavam comigo - ou, em outras palavras, enfrentar o mundo real não era tão fácil.

Afinal, para um jovem cheio de idealismo, com ideais de fraternidade e comunhão, com vontade de mudar o mundo, com sonhos que agora pareciam apenas utopia, a realidade que se apresentava não fazia sentido. Render-me a ela soava como desistir de quem eu era, abrir mão de meus valores, desistir de meus propósitos.

Eu não conseguia encontrar no universo profissional aquilo que tanto alimentava minha alma na época do trabalho voluntário. Muitas vezes me sentia ingênuo, desajustado, incompetente, incapaz ou bobo mesmo.

Além disso, tudo passou a ser incerteza. Hoje eu entendo perfeitamente que essa é mesmo a fase da incerteza e da ansiedade quanto ao futuro, afinal estamos apenas nos lançando na vida acadêmica, profissional, amorosa etc. Mas, na época, o futuro parecia ser um túnel onde não se via a luz.

Foi assim que, por volta dos 22 anos, eu me deprimi. Não me lembro o que veio primeiro, mas fui acometido também de tuberculose. Sim, tuberculose! Passei alguns meses de licença médica, trancado no quarto, saindo de casa apenas para ir ao posto de saúde, evitando lugares públicos.

Eu preenchia o tempo lendo, tocando violão, desenhando, vendo televisão e fazendo artesanato com bolinhas de gude.

Mas só me dei conta da gravidade da situação numa tarde que ficou na minha memória para sempre.

Para que você entenda, preciso antes explicar que minha mãe, além de cuidar da minha alimentação e me ajudar a não esquecer os remédios, preparava diariamente uma espécie de "poção" caseira, à base de leite de soja, laranja e outras coisas que faziam parte da receita, para me ajudar a recuperar a saúde.

Eu já andava desmotivado e muito mal-humorado e naquela tarde, quando ela me serviu aquela espécie de supersuco, eu disse que não ia tomar mais aquilo. Ela então reagiu dizendo que se eu não tomasse não sararia. E eu, sem pensar, devolvi: "E quem disse que eu quero sarar?"

No mesmo instante ela caiu num choro tão triste que mexeu comigo... Ela estava usando todos os meios para que eu me recuperasse e eu ali dizendo que não fazia questão de viver. Só então ficou claro para mim que algo não estava bem e que eu precisava recuperar aquele tesão pela vida, aquele brilho nos olhos que eu havia perdido em alguma esquina do caminho.

Aquele momento foi o início da minha cura efetiva, pois, trazendo ao nível da consciência o que eu estava alimentando no "lado oculto do iceberg", eu passei a levar meu tratamento a sério.

Busquei ajuda, fui amparado por amigos, familiares e mentores que me auxiliaram a realizar um trabalho profundo de autoconhecimento e de autoconsciência que prossegue até hoje. Estudei, li, refleti, tive bons mestres. Encarei o mundo, trabalhei onde foi possível, dei a cara a tapa, experimentei, acertei, errei, recomecei várias vezes. Desisti de ser perfeito e de me comparar. Resgatei projetos, ideais, sonhos e sentidos que haviam ficado no início da minha juventude e aprendi que para estar bem comigo mesmo eu não podia abrir mão do que era tão essencial para mim. Demorei, mas descobri os caminhos que mais se alinhavam aos meus valores e aprendi a lutar por eles.

Hoje tenho um desejo enorme de viver e realizar. Adoro criar, amo aprender coisas novas, admiro as belezas inesgotáveis deste mundo, sou grato pelos dons desta vida e, principalmente, pelas pessoas que me aju-

dam a encontrar sentido em tudo o que faço. Trabalho com desenvolvimento do potencial humano. Sou absolutamente apaixonado por esse tema e por tudo que se relaciona a ele. Eu acredito no ser humano e em sua capacidade de criar um novo mundo.

MAS, AFINAL, POR QUE EU CONTEI TUDO ISSO PARA VOCÊ?

Para que você saiba porque estou escrevendo este livro – um livro que eu gostaria de ter lido quando atravessava essa fase tão importante da minha (da nossa) vida. Um livro que gostaria de ter lido para poder entender melhor os meus filhos e os jovens que orientei em atividades diversas, profissionais e voluntárias.

Para que você saiba que não está sozinho. Que provavelmente temos muitas coisas em comum e que muitos seres humanos estão realizando esta mesma busca neste exato instante, pois, se o mundo mudou do lado de fora, aqui dentro de nós as angústias são as mesmas em muitos aspectos.

Para que você saiba que existem estudos sérios em diversas partes do planeta, em todas as áreas do conhecimento humano, que podem lançar luz sobre as questões que angustiam os jovens e as pessoas de todas as idades.

Para que você saiba que a vida ensina, a maturidade nos torna mais sábios e equilibrados, mas, se você de fato traz esse desejo interior de encontrar sentido nas coisas que faz, nas causas a que se dedica, em seus relacionamentos, em sua vida, enfim - essa saudável inquietação provavelmente acompanhará você pelo resto da vida e será a gênese de importantes transformações.

E O QUE É QUE A GENTE FAZ COM ISSO?

É justamente esta a proposta deste livro: refletir sobre essas questões, buscar alternativas, conhecer bons exemplos, meditar a partir de alguns casos reais, conhecer o que a ciência, a Filosofia e outras áreas do saber humano estão descobrindo ou redescobrindo, criar espaço para a troca de impressões e experiências, estimular a formação de uma rede que possa conectar jovens e pessoas em geral com essa mesma ânsia de encontrar sentido, autorrealizar-se, questionar velhos modelos, viver uma vida baseada em propósitos, construir o futuro desejado, deixar um legado.

Mas fique claro que eu não tenho todas as respostas – nunca foi essa a minha pretensão. Para ser sincero, desconfio muito de quem acha que sabe tudo. Encontrá-las é um trabalho de todos nós. E podemos fazer isso juntos. Você com certeza traz algumas respostas consigo.

Teremos que construir o futuro que desejamos. E mais: teremos que aprender a lidar com esse futuro à medida que ele emerge, em cenários onde a maioria das fórmulas e modelos prontos não servirão de nada.

E para terminar, deixo aqui um poema que escrevi no inverno de 1983, quando eu estava prestes a completar 21 anos, ainda tentava entender-me melhor e encontrava na poesia uma das minhas formas de expressão e de transcendência:

À DERIVA (*)

Por que às vezes
Sinto que não tenho raízes?
E vou assim sem leme,
Sem velas, nem diretrizes?

Como posso caminhar
Sem direção?

Como me contentar
Se é como não ter coração?

Eu me pergunto
Mais de mil vezes seguidas:
O que será de mim,
O que vai ser da minha vida?

Se eu não me encontro
Em nenhuma esquina deste mundo,
E sigo neste jogo
Sem nada de concreto e mais profundo...

Hoje não me sinto mais à deriva. Tenho as velas ajustadas na direção desejada, agindo intencionalmente para aproveitar o vento e todas as forças envolvidas. E, embora eu não tenha todas as respostas, faço das perguntas o motor para seguir em frente nesta jornada maravilhosa que chamamos de Vida.

Faz sentido pra você?

Então seja bem-vindo! Vem comigo, pois temos muitas coisas para descobrir juntos a partir das próximas páginas.

(*) Se quiser ouvir a canção que eu coloquei nessa poesia, acesse o vídeo através do QR Code abaixo:

INTRODUÇÃO

Deixa eu te apresentar a Sabrina.

Sabrina é uma jovem de classe média, com 25 anos de idade, que mora em uma cidade de porte médio do Interior do Estado de São Paulo. Está na universidade e deve formar-se no próximo ano, se não ficar com pendências.

Vê a situação financeira de seus pais deteriorar-se junto com a economia do seu país, assolado por escândalos políticos, fraudes financeiras, corrupção endêmica - tudo isso agravando um cenário de grande desigualdade social.

Pelo mundo afora, notícias de intolerância, terrorismo, refugiados, guerras, conflitos.

Sabrina, como muitos jovens da sua geração, questiona os modelos vigentes, combate os preconceitos, defende causas humanitárias, ecológicas e feministas; procura ser inclusiva, respeitar as diferenças e se posicionar contra todo tipo de intolerância.

Conforme se aproxima o momento da sua formatura, mais cresce sua ansiedade, pois não se sente preparada nem boa o suficiente para ingressar no mercado de trabalho e ganhar o próprio sustento. Deseja fortemente ser independente, mas não consegue vislumbrar o momento de sair da casa dos pais, onde tem uma estrutura muito bem montada: internet, wifi, celular, TV a cabo, comida na mesa, roupa lavada... Estrutura que faz parte de um estilo de vida do qual ela não gostaria de abrir mão e que custaria muito caro manter por conta própria.

Sabrina não quer repetir o modelo de vida dos pais: casa-trabalho, trabalho-casa. Muito menos se o trabalho for em algo de que não gosta. Vê os pais estressados e sempre reclamando da rotina, do emprego, do chefe, das metas. Diz a si mesma que sua vida será diferente, que fará tudo diferente do eles fizeram. Gosta de artes e de outras coisas "que não dão dinheiro". Não se imagina trabalhando apenas por interesse financeiro em algo que não tenha nada a ver com ela.

Sente-se confusa, insegura, incerta quanto ao seu futuro, muitas vezes angustiada diante de tantas indefinições. Não sabe ao certo se o que aprende na faculdade será o suficiente para construir uma carreira. Nem sabe se quer de fato essa carreira, principalmente se isso for sinônimo de ficar presa a uma única empresa, uma única cidade, uma roda-viva como a que seus pais enfrentam e tanto amaldiçoam.

Já tentou trabalhar, mas as ofertas de emprego são raríssimas e as poucas oportunidades de estágio quase sempre não valem o sacrifício na hora de pesar a relação custo-benefício. Fez aqueles que era obrigada a fazer pela faculdade, mas não conseguiu mais nenhum que lhe garantisse algum nível de autonomia financeira.

Há momentos em que Sabrina fica muito quieta. Pergunta se tudo isso vale a pena. Tanta correria, tanto estresse, enquanto o mundo só parece piorar. Tudo gira em torno de competição, conquistas, vitórias, posses, títulos.

Ela não se considera feia, mas também não é uma daquelas meninas que fazem muito sucesso na faculdade. Ela procura algo mais consistente em seus relacionamentos, mas o que mais encontra são manifestações do amor líquido, num mundo líquido, dominado por aparências, relações e relacionamentos superficiais. Como mulher, muitas vezes é tratada como um produto, um objeto. Como jovem, interessa muito à sociedade como público consumidor, e só!

Alguns de seus ídolos vêm optando pelo suicídio. Sabrina já chegou a pensar nisso numa fase muito conturbada de seu mundo íntimo, mas nunca passou de uma sombra fugidia a passear pelos seus pensamentos. Algo nela ainda mantém a esperança de que poderá fazer diferente.

Seus pais cobram dedicação total aos estudos, repetem que sua geração "não quer saber de nada" e criticam os jovens que eles chamam de "geração perdida". Sabrina sente arrepios quando pensa que vai se formar em um ano e que, se não conseguir um emprego ou não tiver nenhuma ideia empreendedora, passará a ser também uma "nem-nem" – nem trabalha, nem estuda. É uma de suas maiores fontes de angústia. Talvez isso até explique porque alguns de seus colegas parecem autoboicotar-se e permanecem na universidade quase que indefinidamente...

"Não sou boa o bastante" é um dos pensamentos recorrentes. Vê na internet várias pessoas passando a imagem de vencedoras, criativas, inventivas, cheias de iniciativas. Ouve essas pessoas repetirem que ela precisa fazer o que gosta. "Trabalhe com algo que você ama muito e você nunca mais sentirá que está trabalhando..." Novamente se angustia ao perceber a distância entre esse mundo ideal e o seu mundo real. Seria ela o problema? "Não sou boa o bastante", repete para si mesma.

Sabrina não se dá conta, mas muitas vezes ela quer chegar aos resultados sem ter que passar pelo processo completo. Não percebeu ainda que os tais "vencedores" da mídia não contam sua história toda. Eles quase nunca são tão felizes, apenas precisam vender a ideia de uma "vida extraordinária". Sabrina tem pressa para encontrar o seu caminho, para vencer também. Não lhe ensinaram a saborear a jornada e ela já sofre por causa das recompensas que não devem chegar tão cedo.

Ela não se vê na vida para a qual está sendo preparada por um sistema que tende a reproduzir modelos e padrões que o repliquem e perpetuem. Todas as vezes em que visitou o local de trabalho de sua mãe ou do seu pai, achou o ambiente horrível: não havia graça naquilo, não havia como encaixar seus valores nos valores daquela empresa. Se trabalhar era isso, ela não sabe dizer como conseguirá ajustar-se ao sistema.

Sabrina duvida de si mesma. E isso incomoda muito. Sem saber como lidar com suas angústias, procura aliviar a pressão navegando nas redes sociais, distraindo-se com quimeras ou bebendo com as amigas. Às vezes, bebe mais do que deveria.

A juventude mal disfarça sua insegurança. Tem medo de fracassar, de não ser capaz, de decepcionar as pessoas, principalmente seus pais, que tanto investiram em sua formação. Sabrina bem que gostaria de ter um mentor, mas há um apagão de mentores e líderes em seu meio.

Ela vê muito outros jovens deixando o país em busca de uma sociedade mais "evoluída", mas essa não é uma alternativa viável para ela neste momento.

Enfrenta uma enxurrada de informações e apelos, sente-se sozinha nessa luta inglória por autoafirmar-se. Ela não é consciente disso, mas sua autoestima é muito baixa. Além disso, cresceu tendo de lidar com poucas frustrações. Bem ou mal, seus pais proveram a maioria de suas necessidades, a tecnologia facilitou-lhe a vida enormemente, raras vezes recebeu limites severos. Mas, ao mesmo tempo que parece ter o mundo como um cardápio infinito de possibilidades, por vezes parece estar paralisada, sem saber que direção tomar.

Sabrina ontem teve outro episódio de crise de ansiedade e passou a noite em claro.

Sabrina precisa de ajuda.

SOBRE A SABRINA QUE EXISTE EM CADA UM DE NÓS

Sabrina ainda não percebeu, mas deve aprender a estabelecer uma conexão mais profunda consigo mesma num processo contínuo de autoconhecimento. Por um lado, precisa enxergar seu próprio valor, assumir a própria história, aprender a cultivar sua singularidade. Por outro lado, precisa abrir-se de forma mais consciente para a integração com o coletivo, sem perder-se de si mesma, sem negar seus valores, sem negligenciar seus propósitos. Pois, num mundo volátil, instável, complexo e ambíguo como o nosso, manter o equilíbrio depende de nossa capacidade de elevar nosso nível de consciência e nosso estado de presença. As pessoas conscientes são menos afetadas pelo chamado mundo líquido, pois seguem seus propósitos em vez de seguirem a manada.

Ela então compreenderá que a vida tem sentido sob quaisquer circunstâncias e que um futuro muito mais interessante vem desenhando-se e pede a sua contribuição. Que este é um momento de transição. Que sua geração será capaz de maravilhas e que ela pode, é capaz, é única, é maravilhosa e merece florescer.

Não há respostas prontas e várias delas somente serão encontradas durante a busca. É preciso experimentar, mantendo mente aberta, coração aberto, vontade aberta, investindo na capacidade de ouvir e de aprender a ver através das multiperspectivas.

Sabrina talvez ainda não saiba, mas ela pode mudar o mundo.

E você, o que pensa sobre as dores da Sabrina? Elas batem com as suas, de alguma forma? Se quiser compartilhar conosco, participe da pesquisa que você encontra acessando o QR Code a seguir. Eu vou adorar receber a sua contribuição.

1

SIM, VOCÊ É ALGUÉM

FAZ SENTIDO PRA VOCÊ?

Ela chegou em casa depois de levar seu pet para ser vacinado, já que, nos últimos meses, cuidar dos dois cachorros e do gatinho era das poucas tarefas que lhe davam algum prazer e sentido.

Passou pela sala e lá estavam seus avós, bastante idosos e confusos, que recentemente passaram aos cuidados da sua mãe, de quem algumas vezes nem lembravam o nome. Ela admirava a forma como a mãe se desdobrava pacientemente entre um e outro, esquecida de si mesma, justamente agora que poderia aproveitar a recente aposentadoria para descansar, passear com as amigas e coisas assim.

Um pensamento lhe trouxe um acréscimo de preocupação: como seria quando seus pais ficassem idosos? Se as pessoas vivem cada vez mais e se os mais jovens, pelo que tudo indica, precisarão trabalhar cada vez até mais tarde, como será?

Mas ela não se permitiu continuar pensando nisso. Tinha apenas 25 anos e havia problemas mais imediatos minando suas energias. Estava ansiosa, pois haviam prometido um retorno das entrevistas de emprego para aquele dia, depois das 10 horas.

Aqueles eram dias complicados: seu irmão mais velho estava formado há quase cinco anos, mas não ganhava o suficiente para liberar os pais de parte do seu sustento. Ela também dependia totalmente deles de novo, depois de um estágio em órgão público que havia terminado há mais de um ano – quase dois, na verdade -, tempo em que suas reservas se esvaíram. Os avós em casa significavam mais despesas. Arcar com os planos de saúde dos velhinhos, dos filhos, e deles próprios estava consumindo grande parte do orçamento doméstico.

Os minutos se arrastavam e sua ansiedade já estava lhe trazendo de volta aquela sensação de enorme desconforto quando, às 14h15, o telefone finalmente tocou.

- Beatriz?

- Sim, respondeu com o coração já acelerado.

- Você esteve em nossa empresa na última terça-feira, foi bem avaliada na dinâmica, mas precisávamos tirar uma dúvida quanto ao seu currículo antes da entrevista.

- Uma dúvida?

- Sim, como tivemos um problema no sistema, perdemos alguns dados de seu cadastro. Preciso saber onde você se formou e qual o seu nível de domínio do Inglês.

- Me formei há dois anos na UNB e meu Inglês é avançado.

- Humm...

- Algum outro problema? Eu tenho disponibilidade de horário, pois não estou estudando agora...

- Não, desculpe, mas sua qualificação é alta demais para a vaga que estamos oferecendo. Lamento...

- Mas...

- Desculpe, Beatriz, mas já tivemos problemas antes por esse motivo e a direção da empresa foi bem clara ao definir o perfil que deveríamos contratar. Infelizmente não tenho como flexibilizar. Obrigado e até a próxima oportunidade.

Ela não teve forças para tentar argumentar mais. Eram tantos "nãos" acumulados que cada nova negativa parecia lhe arrancar um pedaço da pouca esperança que restava.

Pensou no cenário político brasileiro, na onda de denúncias, nos casos de corrupção, nos jogos políticos, na desesperança que parecia tomar conta de todos, nos amigos indo embora do País, no desejo imenso de poder ajudar seus pais, conquistar sua autonomia, e "mudar de fase", como dizia o pai de seu namorado.

Ele dizia que a vida é feita de fases e que quando a gente fica patinando numa fase, quando já deveria estar na fase seguinte, isso gera dor, frustração, sentimento de inadequação e ansiedade.

Mas, e quando você quer muito mudar de fase e as coisas não acontecem? Bia ficava furiosa toda vez que alguém se referia à sua geração como a "geração nem-nem" – nem trabalha, nem estuda... Rotulada como um bando de folgados, para não dizer coisa pior.

Seus olhos marejaram e ela ameaçou chorar. Foi quando o telefone tocou pela segunda vez.

- Pois não... Beatriz - disse com a voz meio alterada pelo nó na garganta.

- Ah, boa tarde, Beatriz. É sobre sua candidatura à vaga aberta aqui na WTF. Recebemos sua manifestação de interesse e precisávamos fazer algumas perguntas.

- Sim?

- Por favor, qual a sua experiência na área?

- Bem, na verdade nunca trabalhei nessa área. Meu estágio foi em um órgão público, na área jurídica, mas eu havia entendido que...

- Eu entendo, mas estamos procurando alguém com experiência mínima de dois anos em nossa esfera de atuação. Talvez devêssemos ter dado maior destaque a esse pré-requisito em nosso anúncio. Vou alertar o responsável pelas publicações. Mas, infelizmente, não poderemos contratá-la. Serão chamados para a entrevista os candidatos com experiência. Lamento...

Você pode imaginar os sentimentos que atropelaram Bia naquele momento, como se fosse um enorme tsunami?

Ela mal conseguiu recolocar o telefone na base. Suas mãos tremiam. Sentia um calor ardente incendiando suas faces, aquela sensação de desastre iminente. Desabou na cama e caiu num choro convulsivo.

Sem nem saber ao certo o motivo, lembrou dos tempos da faculdade, do riso fácil nos corredores, dos professores mais marcantes, das horas de estudo no quarto ou na biblioteca com as amigas, das festas, dos beijos sem maior compromisso, do baile de formatura e, principalmente, dos sonhos. Ela havia feito tantos planos. Havia sonhado tanto! E agora se frustrava, frustrava seus pais, sentia-se desmerecedora dos investimentos que eles haviam feito em sua formação. Culpava-se. Ora tinha pena de si mesma, ora sentia uma raiva danada. Estava ferida e confusa.

E quando sua mãe entrou no quarto, alarmada pelos soluços que ecoavam pela casa, ela só conseguiu repetir uma frase:

- Eu não sou ninguém, mãe... Eu não sou ninguém!...

Vamos começar afastando este cheiro forte de cocô do cavalo do bandido. Sim! Pois é assim que muitos jovens com quem converso vêm se sentindo ultimamente: o cocô do cavalo do bandido, alguém que ainda não se definiu em áreas supervalorizadas pela sociedade, ou que está patinando em uma de suas fases da vida, ou que simplesmente não conseguiu transformar em algo mais concreto e pragmático tudo aquilo que ainda é sonho, projeto ou idealismo.

Frases como "você tem ideia do quanto nós já investimos em você?", ou "o que eu paguei de mensalidade em escola e faculdade pra vocês dava pra ter comprado uns dois apartamentos e ainda viajar pelo mundo todo", ou ainda "eu me matei de trabalhar pra te oferecer a melhor formação possível", e outras menos polidas ditas assim, no calor de uma discussão, apenas acrescentam um sentimento incômodo e geralmente devastador de menos-valia.

Há fases cruciais nesse processo. Momentos em que a pessoa parece ficar refém do monstro da indefinição, tentando vencer um último trecho para poder mudar de fase, mas sem conseguir avançar de forma significativa, seja por uma dificuldade sua, seja pela complexidade inerente ao projeto, ao momento histórico, ao ambiente ou à meta estabelecida propriamente dita.

Na verdade, fases de transição existem em todo o nosso processo de crescimento e amadurecimento, mas é especialmente nesse intervalo entre a fase pré-vestibular e a conquista da independência financeira (ou ao menos de uma relativa autonomia financeira) que esses momentos tendem a se tornar dramáticos para muitos.

Essa espécie de limbo existencial acontece, por exemplo, naquela fase entre a formatura do ensino médio e a aprovação no vestibular – onde a cada nova tentativa aumentam as expectativas e a apreensão, ou entre a aprovação no vestibular e a conclusão do curso superior – período que às vezes se estende muito além do esperado, para desespero dos pais.

Pode ocorrer também entre a formatura do ensino superior e o primeiro emprego e entre o primeiro emprego e a independência financeira, momentos marcados por uma forte pressão familiar e social, além da autocobrança que se torna cada dia mais aguda.

E por fim, uma das situações com maior potencial de conflito acontece quando o descompasso se dá entre o projeto de carreira e de sucesso sonhados pelos pais e o projeto de vida adotado pelos filhos.

Frases como "na sua idade eu já trabalhava de segunda a sábado", ou "na sua idade eu já tinha dois filhos", ou ainda "na sua idade eu já estava na empresa há cinco anos" e "na sua idade eu já tinha família e ainda ajudava meus pais", para citar alguns exemplos, apesar das boas intenções, costumam apenas aumentar o nível de ansiedade, que em certos casos chega a atingir patamares patológicos.

IDENTIDADE E SIGNIFICADO E UM MUNDO COMPLEXO

Acontece com o jovem nessa fase da vida algo semelhante ao que ocorre com o mais idoso aposentado. Ambos estão fora do mercado de trabalho. Os primeiros ainda são uma promessa. Os segundos representam o que já foi, estão lentos, dependentes e ultrapassados. E, dependendo da situação, uns e outros se tornam ou se sentem um peso para os demais.

Não por acaso, as ocorrências de estados depressivos entre jovens e idosos vêm aumentando em todo o planeta, inclusive no Brasil.

E foi esse um dos principais motivos para iniciarmos o projeto deste livro.

As coisas e os acontecimentos têm o significado que nós atribuímos a eles. Cada um de nós conta uma história para si mesmo a respeito de tudo o que acontece. O que obtemos depende do que fazemos e o que fazemos depende sempre da forma como vemos a vida. E, mais grave ainda, a maneira como enxergamos a nós mesmos pode definir o nosso futuro.

Só que a maneira como vemos o mundo e a nós mesmos passa por filtros que incluem valores e crenças altamente condicionadas pela educação que recebemos, pela visão de mundo de nossos pais ou cuidadores, pela mídia, pela cultura do ambiente em que vivemos, por paradigmas ditados pelo mercado, como essa ridícula divisão dicotômica e reducionista do mundo em *loosers* e *winners* (perdedores e vencedores).

"Eu não sou ninguém" revela uma grande angústia ligada à questão de identidade, que neste caso se apega e se confunde ao papel social.

Mas, é preciso deixar claro desde já: nós somos muito maiores do que os nossos papéis sociais. Você é imensamente maior do que qualquer papel social.

Você não é alguém apenas se estiver desempenhando o papel social esperado ou designado para você. Você não tem valor apenas se for aprovado na universidade mais disputada do país, ou apenas se conseguir o cargo mais bem remunerado da empresa, ou somente se estiver empregado. Assim como uma mulher não tem valor apenas se for mãe. Não! Você tem valor por ser humano, com todas as suas complexidades e multidimensões.

Os papéis sociais são formas de comportamento previamente estipuladas para os indivíduos de uma posição social específica e são parte do que o eminente sociólogo francês Émile Durkheim (1858-1917) chamava de fatos sociais, que, em resumo, são maneiras de agir, de pensar e de sentir definidos pelos grupos sociais – são expectativas, convenções, definições que estabelecem e impõem critérios externos que exercem poder de coerção sobre o indivíduo. São produtos da vida em sociedade.

Para entender melhor, vejamos: se você é jovem e tem a sorte de não precisar trabalhar desde cedo, então, no papel de filho e de estudante o que se espera de você em nossa cultura? Que você estude e tenha um bom (ou, de preferência, um excelente) desempenho escolar. Que, ao mesmo tempo em que se forma no ensino médio esteja preparando-se para o vestibular e que seja aprovado o mais rápido possível, de preferência numa universidade pública, onde o papel social de estudante (e de filho) assume novas configurações, já objetivando atender outros tipos de expectativas: que você continue sendo um ótimo aluno, que arranje um bom estágio e que ao se formar, ou até antes disso, passe num bom concurso público ou seja admitido numa empresa *top*. Nela você desempenhará o papel social de um profissional daquela área, preparando-se para outros papéis igualmente esperados: o de marido ou esposa, e o de pai ou mãe.

E, para não ser um *looser*, você deve manter o ritmo acelerado e ter sucesso em todos os papéis sociais. O objetivo é chegar ao lugar mais alto do *podium*. Mas, não é preciso ser um gênio para perceber que não cabem todos no topo do *podium*. E o que será do "resto"? Você já parou para pensar nisso? Que pode estar perseguindo resultados impostos por valores que podem não ser os seus e ainda por cima detonando seu nível de autoestima por causa desse modo de pensar?

Ora, se os papéis sociais são produtos da vida em sociedade, então são fatores culturais e não passam de criações humanas. E como criação humana também foram e estão condicionados à forma como esses humanos enxergavam ou ainda enxergam o mundo.

E como a nossa sociedade enxerga a si mesma e aos seus indivíduos? Arrisco dizer que, na maioria das vezes, partimos de paradigmas que veem o ser humano de forma utilitarista, destinado a produzir e a consumir sempre mais para fazer girar as engrenagens do mercado e gerar mais e mais riqueza, quase sempre concentrada na mão de poucos.

Pergunto: você daria a esse tipo de sociedade o poder de definir se você é ou não é alguém?

Então, cuidado para não comprar a ideia de que você só é alguém se atingir os resultados definidos como indicadores de sucesso pela sociedade do hiperconsumismo, movida por interesses nem sempre confessáveis, em pleno fervilhar do mundo VUCA.

Você sabe o que é mundo VUCA?

O termo VUCA foi adotado mais recentemente no ambiente dos negócios, mas foi criado pelos militares americanos na década de 1990 para tentar explicar o mundo no contexto da chamada Guerra Fria. O termo é um acrônimo formado pelas iniciais das palavras Volatility, Uncertainty, Complexity, Ambiguity, como se vê a seguir.

Volatilidade: tudo muda o tempo todo e em uma velocidade tão grande que não permite prever cenários a médio e longo prazo como no passado.

Incerteza: as consequências das mudanças são muitas vezes imprevisíveis, apesar de todas as informações disponíveis.

Complexidade: estamos todos conectados, somos cada dia mais interdependentes, e isso aumenta a complexidade de nossas relações. Ações isoladas podem ter consequências globais.

Ambiguidade: a cada fato, múltiplas interpretações são possíveis. Há pouca clareza, pouca concretude, e as experiências anteriores nem sempre servem de base para a análise das novas ocorrências.

Em outras palavras, o mundo VUCA torna-se uma muvuca, uma grande confusão.

Como é fácil concluir, os papéis sociais estão sujeitos a esses mesmos movimentos. Algo que é muito valorizado pela sociedade hoje pode não ter a menor importância amanhã. Profissões deixam de existir, tecnologias se tornam obsoletas, costumes se alteram, processos se digitalizam e se tornam cada vez mais virtuais, teorias são derrubadas pelas novas descobertas da ciência, conceitos são revistos ininterruptamente, novos modismos surgem, entre outras coisas.

Mais uma vez eu pergunto: você daria a este mundo líquido o direito de definir se você é ou não é alguém?

Eu espero que você responda sinceramente com um retumbante NÃO!

ABRINDO UM PARÊNTESE PARA A QUESTÃO PARENTAL

Antes de partirmos para o próximo e mais importante tópico deste capítulo, eu preciso falar algumas palavras em defesa dos pais.

Eu preferi não tocar nesse assunto logo no início do capítulo, pois tive medo que você achasse meu discurso careta e nem chegasse até aqui. Espero que você já tenha entendido que meu objetivo é ajudar você a valorizar-se, assumir as rédeas da sua vida, conectar-se com suas forças e talentos e colocá-los em movimento, traçando o seu caminho por uma vida plena e cheia de sentido.

No entanto, seria injusto deixar "no ar" a questão dos pais, citados em algumas passagens deste capítulo, inclusive na história da Bia. Na adolescência e até mesmo na juventude, temos tendência a culpar nossos pais por muitas de nossas frustrações. De fato, algumas vezes eles "pisam na bola", mas quem não pisa?

Os pais também estão cumprindo seu papel social e o fazem como aprenderam que deve ser, ou como se convenceram que deva ser, baseados em suas crenças, em suas vivências, como frutos do seu tempo. Na maioria quase absoluta dos casos, eles são movidos pelas melhores intenções. Nem sempre sabem a melhor forma de fazer as coisas ou de abordar as questões que os preocupam. Eles também são aprendizes da vida. Ou, como diria o grande poeta e intérprete Renato Russo, "você me diz que seus pais não te entendem / mas você não entende seus pais / você culpa seus pais por tudo, isso é absurdo / são crianças como você / o que você vai ser quando você crescer".

Eu também sou pai e já errei bastante em relação aos meus filhos. O exercício da paternidade me ensinou muitas coisas. E assim como seus pais ou aqueles que cuidam de você, eu também me preocupo com o futuro deles. Quero que tenham condições de se manter no mercado de trabalho, seja qual for a área que escolham. Quero que alcancem autonomia financeira. Como eu poderia não querer isso? Como eu poderia ficar tranquilo se meus filhos não estivessem preparando-se para o lado pragmático da vida sabendo que nós, os pais/mães, não estaremos aqui para sempre?

Você pode (e deve) questionar os padrões vigentes, propor um novo modelo de trabalho e de sociedade, lutar por novas formas de organização social, o que é fantástico. Mas, ainda assim, precisa caminhar para a conquista da autonomia. Em outras palavras: você vai achar o seu jeito de bater asas, mas não pode recusar-se a voar.

Nós voltaremos a esse assunto algumas vezes. Por ora, já que falamos em voar, quero contar uma pequena história, que costumo empregar nas minhas palestras e nos meus encontros dialogados com jovens, pais e educadores. Quanto aos jovens, para que entendam que seus pais um dia perdem a energia e o viço da juventude e, quando percebem o tempo passando e que não poderão cuidar de seus filhos para sempre (não como antes), tendem a assumir um senso de urgência que os faz colocar pressão sobre eles, potencializando desentendimentos e conflitos mais que naturais. E quanto aos pais, para que não se culpem tanto (e eu garanto que muitos se culpam) quando chega a hora de prover menos e exigir mais, cobrando colaboração dos filhos e direcionando-os para a independência.

Eis a história:

Havia um casal de aves de médio porte que vivia em um ninho no alto da montanha com seus dois filhotinhos. No início, para alimentá-los os pais traziam insetos e minhocas. Conforme os filhotes foram crescendo, papai e mamãe passaram a voar até o vale para caçar pequenos roedores e cobras. Aos poucos, foram tornando-se jovenzinhos e o tamanho dos roedores também teve que aumentar. E assim, sem que se dessem conta, chegou o tempo de empurrar os filhotes para fora do ninho e ensiná-los a voar e a prover seu próprio sustento. Mas os filhos estavam gostando daquele conforto (sabe como é... o ninho tinha wifi, tv a cabo, comidinha no bico, todas as contas pagas e outras mordomias) e os pais morriam de pena dos filhos. Sentiam-se na obrigação de continuar suprindo todas as suas necessidades. A mamãe ave chegava a considerar falta de amor querer colocar os filhos para fora do ninho. E assim, para fazer frente aos novos níveis de necessidade dos filhotes, passaram a caçar animais cada vez maiores e mais pesados, o que exigia deles um esforço muito grande, que aos poucos foi tornando-se superior às suas forças. Até que adoeceram e não puderam mais voar nem caçar. No ninho apertado passaram a conviver dois velhos adoentados e dois jovens totalmente despreparados para a vida, que não sabiam voar nem caçar, nem agradecer...

Eu não sei como essa história termina e prefiro que cada um imagine um fim para ela.

VOLTANDO AO ASSUNTO

Na adolescência, na juventude e em todas as fases da vida em que fechamos um ciclo para iniciar outro, atravessando momentos de grande mudança, assumindo novas e maiores responsabilidades e enfrentando o desconhecido até então, somos açoitados pela insegurança e pelo medo – o que é muito natural.

Nessas horas normalmente a gente procura por recursos externos que nos ajudem a superar os desafios. A aprovação dos amigos, o apoio dos pais, dinheiro, tecnologia, bens materiais, estruturas de suporte ao nosso projeto etc. E, na falta desses recursos, costumamos culpar o destino ou responsabilizar os outros pela nossa frustração. E assim, como forma inconsciente de justificar nossa imobilidade, focamos apenas no que nos falta.

Como educador, *coach* e estudante do desenvolvimento humano, posso garantir, no entanto, que o que mais nos falta na verdade são os recursos internos, dos quais depende, inclusive, que saibamos atrair, encontrar e aproveitar os recursos externos possíveis. E o mais irônico (para não dizer dramático) é que, na verdade, os recursos internos existem, estão em nós, mas nós muitas vezes não os acessamos.

E isso não quer dizer, de forma alguma, como acreditam alguns, que você pode ter tudo o que quiser no momento em que quiser e que os outros não podem afetar negativamente o seu nível de felicidade. Claro que podem! Somos interdependentes e o ato de cada um afeta a vida de todos os outros. É inegável, por exemplo, que um pai alcoólatra ou um gestor autoritário e agressivo podem provocar danos significativos na vida daqueles que convivem com eles.

Mas é verdade também que não importa apenas o que fazem com você, mas o que você faz com o que fazem com você. Em outras palavras, a forma como você reage ao que acontece com você pode fazer toda a diferença. E, mais uma vez, voltamos à questão da visão de mundo, de crenças, de paradigmas e dos tais recursos internos – elementos que vão justamente determinar a forma como você vai administrar as adversidades.

Dia desses eu estava assistindo a um programa do tipo The Voice Kids e observava a forma como cada criança enfrentava o palco, o público, o júri, os desafios técnicos da música e as próprias emoções.

É curioso como algumas sobem ao palco como se para elas fosse absolutamente natural estar ali, enquanto outras "tremem na base" deixando transparecer na voz, nos gestos e no olhar um sentimento de apequenamento diante das câmeras, das luzes, do público e dos jurados e a forte tensão emocional daquele instante.

Da mesma forma, são diferentes, e às vezes até opostas, as reações no momento da eliminação, quando não são escolhidas para seguir adiante na competição ou "derrotadas" nas "batalhas musicais". Para algumas fica um gosto enorme de tristeza, frustração e derrota. Outras demonstram gratidão e genuína alegria por terem chegado até ali.

Ante um mesmo estímulo, reações tão diversas, não é? E por que será? No que aquela criança acredita? Quais valores ela já traz? Que paradigmas já incorporou do seu meio familiar e cultural? Que experiência já viveu? Por que algumas conseguem desfrutar o momento, permanecer leves e valorizar o que foi possível viver e conquistar? Por que outras sofrem tanto com o "fracasso"? Que recursos internos elas colocam em ação?

Uma delas me emocionou muitíssimo. Ela estava nervosa, cantou o melhor que conseguiu e durante toda a música nenhum dos jurados parecia disposto a "virar a cadeira" para ela. Passados os primeiros instantes, seu olhar demonstrava preocupação e tensão. Depois foi acalmando, sua voz foi ficando mais firme e, mesmo sem receber o "sim" de nenhum dos jurados, manteve-se firme até o final. Para sua surpresa e grande comoção do público, um dos jurados apertou o botão no último acorde da canção, admitindo-a em seu time.

Ao entrevistar a menina, a apresentadora quis saber como ela conseguiu manter-se firme apesar de tudo indicar que não seria aprovada. Ela disse: "Quando eu vi que os jurados não viravam a cadeira para mim, primeiro fiquei triste, depois lembrei que meu pai estava na plateia e passei a pensar apenas nele – eu cantei pra ele, e nada mais importava..."

Ela conseguiu acionar recursos internos que a ajudaram a lidar com a aparente adversidade, o que a teria ajudado a lidar até mesmo com o fracasso, que acabou não ocorrendo.

Jamais diga nem pense "eu não sou ninguém", pois não é verdade.

Somos um universo de infinitas possibilidades. Trazemos forças de caráter, virtudes, talentos, inteligências e recursos intuitivos que muitas vezes permanecem adormecidos por toda a vida, como presentes recebidos e jamais abertos, conforme sugere Stephen Covey em seu livro "O 8º Hábito".

Segundo os mais recentes estudos da Psicologia Positiva, descobrir esses talentos, acessar esses recursos internos e colocá-los em movimento, aplicando-os em causas que façam sentido para mim, que estejam em sintonia com meus valores, que me tragam senso de realização e de pertencimento, e que promovam um forte sentido de contribuição e de legado, como veremos em muitas partes deste livro, são fatores impulsionadores do meu florescimento pessoal.

E assim chegamos ao ponto: para que eu seja capaz de florescer eu preciso me conhecer.

Para me conhecer eu preciso voltar a me conectar comigo mesmo, resgatar a minha essência, exercitar a presença e expandir a minha consciência.

E como fazer isso? Quais os caminhos do florescimento humano?

Eu terei o enorme prazer de conversar sobre esses temas com você nas próximas páginas deste livro e até mesmo fora delas, se você um dia quiser.

Faz sentido pra você? Então, vem comigo!

E se você quer conversar um pouco mais sobre o que é ter ou não ter sucesso nesta vida, eu ofereço algumas reflexões no vídeo que você pode acessar pelo QR Code a seguir. Eu adoraria que você comentasse o vídeo e me contasse também o que pensa sobre o assunto.

2

ABRACE SUA VULNERABILIDADE, ENCONTRE O SEU SENTIDO E NÃO SE COMPARE

Levi tinha uma irmã mais velha e um irmão gêmeo quase idêntico.

Talvez por isso, inconscientemente, ao contrário de seu irmão, tenha deixado o cabelo crescer como nunca o fizera antes. Ou talvez tenha sido apenas para experimentar um novo visual, já que em outras áreas da vida pouca coisa mudava naqueles tempos.

Estava na universidade e passava a semana em uma república numa cidade a 70 quilômetros de casa. Entrara há quase quatro anos. Passara um ano no Exterior, num desses programas de intercâmbio internacional e, apesar de aprimorar seu Inglês e viver experiências enriquecedoras, imprimira um certo atraso ao seu processo de graduação.

Mas, afinal, para que pressa? Com o mercado em recessão, vários de seus colegas adiavam propositadamente a conclusão do curso, pois muitos dos que se já formaram estavam desempregados. Mantendo o vínculo com a universidade podia-se ao menos pleitear vagas de estágio.

Por falar em estágio, ele já havia passado por alguns processos seletivos sem obter sucesso.

Era o único dos três irmãos que nunca havia trabalhado e isso começava a pesar em sua autoestima. Aliás, Levi tinha sérios problemas com sua autoconsideração. Achava-se menos que todo mundo: menos esperto, menos capaz, menos articulado, menos sortudo. Subestimava-se o tempo todo.

Em uma de suas primeiras experiências para concorrer a uma vaga de estágio, a entrevista foi coletiva. Quis o destino que ele fosse um dos últimos a falar, seguindo a ordem na roda que haviam formado na sala onde ocorria o processo seletivo. Antes dele, a considerar o que diziam, havia apenas supercandidatos! Ao menos foi o que ele pensou. Um já havia morado na Alemanha. O outro já tinha experiência na área. O seguinte se expressava com desenvoltura e autoconfiança. A moça bonita falava três idiomas. E ele, Levi, sentia-se diminuindo de tamanho na cadeira. Percebeu a voz tremer quando chegou sua vez de falar sobre a sua "vida sem graça".

Exagero ou não, ele não foi o escolhido e isso reforçou a ideia de ser alguém destinado ao fracasso.

Nessas horas, além de seus pais e alguns amigos mais sensíveis, eram seus irmãos que o resgatavam do naufrágio no mar revolto e invariavelmente desfavorável da comparação. Repetiam palavras sinceras de incentivo. Ele os ouvia e considerava, mas, talvez sem perceber, também se comparava a eles.

A irmã estava fora do Brasil trabalhando e tocando seus projetos pessoais. Seu irmão gêmeo já havia trabalhado até com carteira assinada e acabara de arrumar um estágio na sua área.

Seus pais eram separados. Ambos haviam trabalhado muito para formar os filhos e agora concentravam seus esforços na graduação dos gêmeos. Estavam cansados e também haviam sido atingidos pela crise que cobrava um preço alto de empresários, profissionais liberais e trabalhadores em geral.

Levi sempre foi muito sensível e empático. Não era preciso ninguém cobrar. Ele sabia que precisava dar a sua cota de sacrifício.

E como não há mal que dure para sempre, o seu dia também chegou: um estágio remunerado no setor de Marketing de uma grande empresa de Engenharia!

Acho que seria desnecessário dizer, mas Levi e seus irmãos tinham um grupo no WathsApp. Quem não tinha naquela época? Um não! Ele tinha vários. No grupo da mãe com os irmãos, o aviso tão esperado: "Consegui! Fui selecionado para um estágio". O mesmo aviso seria dado no grupo dos irmãos com o pai, é claro.

Uhuuu!! Festa em família! Todos comemorando e cumprimentando Levi. Todos muito eufóricos. Curiosamente, bem mais eufóricos que o próprio Levi...

Dadas as orientações gerais sobre a melhor forma de se vestir, o que calçar, a documentação necessária, como chegar à empresa, postura profissional e outras dicas dos irmãos mais experientes, houve um certo silêncio. No fim de semana conversaremos, pensou a mãe.

Avisado na terça, Levi mal teve tempo de processar as ideias e começou a estagiar naquela mesma semana, em plena sexta-feira. Trem e ônibus na ida. Trem e ônibus na volta. Teria pouco tempo para aprender o serviço, pois o estagiário anterior estava de saída. Teria menos tempo para estudar, já que gastaria algumas horas em trânsito. Teria menos oportunidades de estar com a namorada, pois agora as férias escolares não o liberariam para voltar para casa, pois não estaria de férias do estágio. Menos tempo para ver as séries favoritas, menos tempo para tocar violão ou ler seus mangás. Enfim, Levi não estava conseguindo animar-se de verdade. Apenas cumpria um dever. Ponto.

Naquela mesma sexta-feira, primeiro dia de trabalho, ele ainda teve que tomar outro ônibus, o interurbano, para voltar para sua casa de verdade.

Ao chegar, sua mãe, seu padrasto, sua vó, sua tia, seus irmãos (pelo Skype) esperavam para comemorar sua conquista.

Mas Levi abriu a porta visivelmente em outro astral. Poucos minutos antes havia confessado à irmã pelo grupo do WathsApp que não estava assim tão empolgado.

Depois dos beijos, a mãe perguntou o motivo de ele se dizer tão pouco animado.

A resposta foi curta, dita enquanto caminhava para o quarto sem de-

sejar muita conversa, ansiando apenas por um banho e por tempo para refletir:

- Mãe, trabalhar não tem nada de tão bom.

Esta, como a maioria quase absoluta das histórias deste livro, é inspirada em um caso real, com pequenas alterações e algumas licenças poéticas para evitar a identificação dos personagens e tornar a leitura mais agradável.

Se você é um jovem leitor...

... gostaria que refletisse sobre os pontos de conexão com a sua história pessoal antes de seguir adiante. Pense em como você se vê. Que pessoa enxerga quando se olha no espelho? Que história você conta para você mesmo sobre a sua própria vida? Se fosse um filme, seria um drama, um suspense, um filme de terror ou uma comédia romântica? Como você se sente quando se compara com os outros? Como lida com o desconforto de sentir-se menos preparado, bonito, capacitado, inteligente – ou seja lá o que for - que outra pessoa, nas vezes em que isso acontece?

Além disso, você tem claro para você mesmo pelo que está lutando, para o que está se preparando, para que se tem esforçado tanto (ou não)? Afinal, o que você quer? E como imagina chegar até lá? (já vou avisando que talvez você não tenha todas as respostas. Que bom! Você é normal, então!).

Se você é pai, mãe, cuidador ou educador...

... gostaria que soubesse que situações como esta se repetem diariamente e que muitos de nossos jovens se sentem, por um lado, despreparados para enfrentar os "jogos de adultos" e, por outro lado, pouco seduzidos com as alternativas que se lhes apresentam.

Dizem que no momento do parto passamos por um duro choque de realidade, um verdadeiro trauma ao deixarmos um ambiente acolhedor, quentinho, com sons já conhecidos, com toda a alimentação fornecida sem necessidade de esforço, para enfrentar um ambiente de muita luz, muitos ruídos, hostil e estranho, onde os primeiros toques costumam não ser tão suaves.

Arrisco dizer que a fase de ingresso na chamada vida adulta deve provocar um desconforto semelhante. Alguns até se recusam a "crescer" ou "adultecer". É o que chamamos de Síndrome de Peter Pan. Há quem "mude de fase" com uma relativa tranquilidade. Há quem amadureça mais rapidamente por força mesmo da necessidade. Mas há muitos que se deprimem também.

E não têm sido raras as ocorrências de pânico, depressão e seus efeitos nefastos na juventude – justamente nessa fase da vida que nós, depois de mais velhos, declaramos ser a melhor época da nossa existência, chegando a não levar a sério os "aborrescentes", um equívoco perigoso que deriva de analisarmos o presente com as medidas de um passado que já foi.

O mundo mudou, e o que serviu de resposta, alívio ou solução para nós em nossa juventude pode não servir de nada hoje para eles. Para ajudá-los precisamos nos esforçar para entender o mundo através do seu ponto de vista (já vou avisando que nem sempre você conseguirá, afinal, você também é humano!).

VAMOS FALAR DE VULNERABILIDADE

O tema vulnerabilidade está em alta. Pesquisadores diversos publicam seus estudos sobre o assunto, afirmando que todos nós temos receio de não sermos bons o bastante, lutando contra o medo e a vergonha de não alcançarmos os padrões de desempenho esperados em todos os campos da nossa vida: afetivo, sexual, profissional, social, financeiro, entre outros.

Muitos de nós temos vergonha da própria história, como se o passado fosse uma roupa suja que usamos por baixo de uma máscara e de armaduras brilhantes (ou às vezes cheias de espinhos) para ocultar o lado feio da nossa vida.

Se medo e vergonha atormentam muitas pessoas em idade madura, que dirá dos adolescentes e jovens ingressantes na "vida adulta".

Eu, quando adolescente, era muito magro e por isso tinha vergonha de andar sem camisa na rua. Tinha um amigo que, ao contrário, era tão gordinho que parecia ter seios e, por isso mesmo, também não andava sem camisa nem mesmo no clube, quando entrávamos na piscina.

Essa é uma fase esquisita do nosso desenvolvimento físico. Nosso corpo adquire formas desproporcionais. O nariz pode parecer maior que o normal, as espinhas e a barba malformada conferem um toque tragicômico à pele do rosto, os homens passam um tempo mudando de voz – que soa ridícula algumas vezes -, as meninas sofrem alterações importantes em seu corpo e em breve tempo passam a receber olhares e comentários que incomodam e se tornam muito inconvenientes.

Como se não bastasse, há muita "zoação", muita competição e comparações sem fim. Não raro, há casos de *bullying* afetando de maneira destrutiva a autoestima da moçada, nem sempre capaz de se manter imune às investidas de pessoas mal resolvidas que encontram prazer em se autoafirmar humilhando os outros pelos mais diversos motivos, como características físicas, orientação sexual, dificuldades de aprendizado, mau desempenho nos esportes, notas baixas, porque nunca beijou, por ainda ser virgem, por não beber, e muitos outros.

A vida segue e os jovens amadurecem, algumas questões se resolvem, mas não cessam as pressões nem as comparações. Há um caminho desenhado com as tintas fortes das expectativas e perspectivas estabelecidas pela família e pela sociedade como um todo. Como dissemos no primeiro capítulo, os papéis sociais se impõem. Muito foi investido em sua formação e agora é hora de mostrar serviço, passar no vestibular de uma boa universidade (de preferência uma federal), manter o bom desempenho, cumprir estágio, arrasar no TCC, graduar-se, arrumar um excelente emprego, fazer uma pós-graduação, conquistar a independência financeira, casar, ter filhos, construir uma carreira de sucesso...

Tudo isso passava pela cabeça de Levi enquanto aguardava sua vez de falar. Ele precisava daquele estágio. Precisava provar que era capaz, para si e para os outros. As expectativas que ele se autoimpunha eram bem altas e seu medo tornara-se diretamente proporcional a elas.

Sem perceber, ele caiu em outra armadilha: a da comparação. A cada manifestação dos outros candidatos ele se tornava mais inseguro e envergonhado do que julgava ser um currículo fraco, uma vida demasiadamente "comum". Levi sabia de suas inseguranças, do seu medo e da sua vergonha, e isso o tornava vulnerável. Sentindo-se vulnerável, ele se considerava ainda menos merecedor daquela vaga, pois havia aprendido que o sucesso está reservado aos "fortes".

Uma das minhas pesquisadoras preferidas sobre vulnerabilidade é a escritora americana Brenè Brown, autora de livros como "A Arte da Imperfeição", "A Coragem de Ser Imperfeito" e "Mais Forte do Que Nunca" – todos altamente recomendáveis. Eu sugiro que você assista ao menos a palestra TED que a tornou famosa no mundo todo: O Poder da Vulnerabilidade, que você encontra no site www.ted.com e no Youtube também. Brenè afirma que, "se não conseguirmos enfrentar o 'nunca bom o bastante' e o 'quem você pensa que é?', não conseguiremos seguir adiante" – nós travamos.

Nesse sentido, é fundamental a crença em nosso valor pessoal. Precisamos acreditar, ou melhor, precisamos tomar consciência de que somos sim merecedores de amor e de pertencimento, sendo quem somos.

Querer ser ou fingir ser quem não somos não vai levar-nos a lugar nenhum, a não ser a mais frustração. Não nos tornará melhores, nem mais eficazes, nem mais felizes. Quem finge ser o que não é vive uma mentira dia após dia e viver uma mentira consome muita energia, impede o florescimento, deprime.

Eu preciso ser autêntico para ser capaz de criar relacionamentos autênticos e estabelecer conexões autênticas, o que aumentará o amor que tenho por mim e pelos outros e o sentimento de pertencimento, tão necessário para que eu possa ser feliz.

É fácil perceber: se você já precisou viver um certo período forçando-se a ser quem não era para agradar alguém, sabe que essa estratégia não dá certo de jeito nenhum. Causa dor, mágoa e pode adoecer.

É vivenciando minha própria vulnerabilidade que construirei um caminho de autodescobertas e me abrirei às oportunidades de aprender, crescer como pessoa, evoluir, ampliar minha consciência e, encarando minhas sombras, cultivar as minhas luzes.

Ainda existe em nossa cultura uma voz que grita em nossa cabeça: quem é forte não chora, vencedores não demonstram fraqueza, pessoas de sucesso não têm medo e outras bobagens como essas.

Todos sentem vergonha em maior ou menor grau, nesta ou naquela situação. Todos! É um sentimento humano muito natural. Precisamos acolher nossa vergonha e conversar sobre ela com as pessoas que nos amam e em quem confiamos. Ela é como uma daquelas grandes bolas de plástico que a gente usa para brincar na piscina. Se tentarmos segurá-la embaixo d'água por muito tempo, isso exigirá grande esforço de nossa parte. E quanto mais fundo nós a tentarmos manter, maior será a pressão para que volte à tona, até que, em dado momento, ela se soltará e romperá sobre a superfície da água com grande agitação.

Muitos atos agressivos e autodestrutivos surgem da vergonha não acolhida. A pessoa que se sente acometida de forte vergonha, represada ou escondida por muito tempo, pode adotar comportamento explosivo ao se perceber no limite da pressão. Ela se sente acuada e ataca ou se isola para se proteger.

Todos sentem medo em algum momento. Precisamos rever nosso conceito de coragem e de heroísmo. É muito mais forte quem tem a coragem de conversar sobre sua vulnerabilidade e de pedir ajuda para aqueles com quem mantém uma conexão de respeito e de confiança.

Somos seres complexos e maravilhosos, meu caro leitor, minha querida leitora! A beleza está em nossa singularidade. Somos únicos, com nossas sombras e luzes. Somos valiosos por existirmos. A cultura que fabrica e cultua vencedores e só valoriza quem está no topo é perniciosa, pois parte de premissas falsas. O ser humano não vale pelo seu papel social, pelo que tem ou pelo que faz, ele vale por ser. Essa é a primeira grande lição deste capítulo.

Brenè Brown deixa algumas sugestões valiosas para que busquemos viver a vida plena: cultive a autenticidade, abandone o peso do perfeccionismo, escolha alimentar a esperança, cultive a gratidão, deixe de lado a necessidade de ter certeza de tudo, não se compare, exercite a criatividade, brinque, ria, dance e cante mais, não adote a pressa e o nervosismo como estilo de vida, cultive um trabalho significativo.

Voltaremos a muitos desses pontos no decorrer deste livro, mas agora retornemos ao nosso amigo Levi. Vamos retomar o recorte que fizemos em sua história justamente naquele momento em que ele dá as costas à sua família que estava ali comemorando sua conquista e diz com a voz desanimada: "Trabalhar não tem nada de bom".

VAMOS FALAR DE SENTIDO

Por favor, não julguem o Levi. Ele apenas foi sincero. Estava frustrado. Talvez você também ficasse frustrado se estivesse no lugar dele. E sabe o que mais? O Levi desta história representa toda uma geração. Uma não, várias delas, se considerarmos as classificações que proliferam por aí: Geração Y, Millennials, Geração Z – não importa. Ele representa esse universo de jovens que estão chegando ao mercado de trabalho e que sonharam ter uma profissão em que pudessem causar impacto, trabalhar por um propósito, salvar o planeta e coisas tais.

Uma geração que não deseja repetir o ritmo de vida de seus pais, que quer ter tempo para outras atividades, que deseja viajar mais, curtir a natureza, não agredir o meio ambiente, compartilhar mais, possuir menos, usufruir mais, ter uma sala de trabalho como a do Google, horários flexíveis, acompanhar o desenvolvimento dos filhos, não se render ao "sistema" – embora nem sempre saibam exatamente o que isso significa.

Mas, quando chega a hora de "cair na real", ou seja, enfrentar a situação em todo seu aspecto pragmático, nem sempre o que se apresenta está de acordo com o que foi tão ansiosamente sonhado.

Calma! Não estou querendo dizer que todos os jovens desta geração reagiriam como reagiu Levi. Mas o fato é que muitos jovens declaram estar insatisfeitos, frustrados e desmotivados em relação ao seu trabalho.

Estou ciente de que há muitas nuances nesta questão. Diferentes contextos sociais, variadas estruturas emocionais, histórias familiares diversas, realidades pessoais que não se pode comparar sem cair no simplismo.

No meu caso, por exemplo, começar a trabalhar aos 15 anos em uma fornecedora de suprimentos para navios foi ao mesmo tempo uma necessidade inadiável, da qual dependia parte do orçamento familiar e o prosseguimento dos meus estudos e, por outro lado, uma espécie de emancipação antecipada – um toque de aventura e liberdade. Ainda que eu entregasse meu salário quase todo nas mãos da minha mãe, havia alguns extras que podiam ficar comigo (como o dinheiro da condução que eu não gastava todo, pois procurava fazer o máximo de coisas a pé) e assim passei a ter dinheiro para o cinema, para um passeio e pequenos caprichos da idade, dentro da minha realidade, em uma época bem diferente da de hoje.

Considerando os limites que eu enfrentava por não ter dinheiro, trabalhar oito horas por dia, depender de ônibus lotado para ir e vir, andar debaixo de sol e de chuva pelas ruas do centro de Santos, entre o perfume gostoso do café torrado e o cheiro desagradável que vinha do cais do porto, era uma glória! Era a minha pequena independência. Era o meu senso de importância. Eu tinha orgulho de poder ajudar em casa. Eu sentia uma satisfação enorme de poder contribuir com as despesas da família. Sentia que estava virando gente. Aprendia muitas coisas que em casa não aprenderia. Tinha acesso a informações que em casa não teria. Tinha como levar a namorada para tomar um sorvete. Eu me sentia mudando de patamar. Sentia que estava agregando valor à minha vida.

Mais tarde, conforme minha situação foi melhorando, o salário maior se transformou em bens de consumo para a nossa casa e em mais qualidade de vida em vários sentidos. Eu já não precisava entregar tudo o que ganhava para os meus pais, mas tinha um prazer indizível em contribuir como pudesse para que eles estivessem mais tranquilos.

Como eu disse, há muitas variações possíveis. Esse foi o meu caso e, pelo que sei, o caso de muitas pessoas da minha geração, pois era o quadro que predominava no momento histórico que atravessávamos em meados e final da década de 1970 e início dos anos 80.

Hoje o momento é outro, obviamente, mas às vezes nós, pais e mães, nos esquecemos disso.

Um jovem de classe média geralmente vive com os pais, ou com um dos pais, em uma estrutura que, no mínimo, lhe oferece conexão de *internet* banda larga, rede *wifi*, TV a cabo, conta do celular paga, água, energia elétrica, roupa lavada e passada, alimentação e, com um pouco mais de sorte, mesada, ar-condicionado, carro, eletroeletrônicos de primeira geração, viagens, plano de saúde mantido pelos pais, entre outros itens de conforto, segurança e conveniência.

Salvo as exceções, esses jovens possuem tudo isso, ou boa parte disso por "osmose", como herdeiros de uma situação conquistada anteriormente pelos pais (repito: claro que existem casos diferentes, mas aqui me refiro a um recorte significativo da chamada classe média, a título de ilustração).

Trabalhando ou não, essa estrutura básica existe e eles desfrutam dela (e quem não o faria?).

Os jovens deste meu exemplo ingressam no mercado de trabalho mais tarde, pois seus pais fazem de tudo para que eles "se formem" primeiro. Portanto, permanecem cerca de duas décadas ou mais num ambiente muito bem estruturado, ao qual obviamente se habituam, adotando-o como padrão mínimo de bem-estar. Uma bela zona de conforto, como aquele útero materno que citamos há pouco.

Hoje, enquanto escrevo, há um motivo a mais para que esse ingresso aconteça bem mais tarde: não há empregos, o País está em crise. E os empregos que ainda restam para jovens em época de faculdade ou recém-formados pagam pouco e exigem muito.

Pensando de forma rasa: em casa, com os pais, ou um dos pais, eles têm basicamente tudo o que precisam. Portanto, sem um senso de propósito maior que os ajude a avaliar a importância das primeiras experiências, sair de casa para trabalhar por um salário baixo não é algo sedutor.

A percepção que fica é a de que há mais perdas do que ganhos. Eles terão menos tempo para fazer as coisas que gostam e até mesmo para desfrutar aquilo tudo que sua estrutura familiar oferece, por exemplo, ficar por horas assistindo uma série pelo Netflix ou passar a tarde no quarto ensaiando com sua banda.

Se no meu caso, e no de muitos jovens da minha geração, começar a trabalhar era percebido como um ganho, para os jovens de hoje, ingressar no mundo do trabalho profissional pode ser percebido, no primeiro momento, como perda de qualidade de vida.

Agora juntemos as peças: materialmente, os jovens deste exemplo não sentem que há um ganho que compense o sacrifício; psicologicamente, o primeiro emprego (ou estágio) costuma não ter o glamour que eles haviam idealizado. Logo...

Paciência, senhores pais. É hora de muita conversa e não apenas cobranças do tipo "na sua idade eu já trabalhava e sustentava uma família", pois, na maioria dos casos, se a gente estivesse no lugar deles, tendo sido criados na condição em que eles foram criados, provavelmente reagiríamos de forma bem parecida.

É hora de compartilharmos impressões e experiências, de travarmos um diálogo aberto e verdadeiramente interessado, de ponderarmos com base em nossas vivências, sem arrogância nem desrespeito ao sentimento deles. Ao contrário, precisamos suspender julgamentos e tentar olhar o mundo pelo ponto de vista deles, não para concordar com tudo necessariamente, mas para poder compreender e ajudar.

Por outro lado, perdoem-me, jovens, mas sua geração costuma ser imediatista e muito ansiosa. Vocês foram acostumados assim. Os avanços da tecnologia contribuíram fortemente para acentuar essas características.

No meu tempo, assistíamos aos seriados (hoje chamados de séries) que eram disponibilizados pela TV aberta (nem existia TV fechada) num determinado dia da semana, sempre na mesma hora. Era preciso aguardar uma semana para assistir ao próximo e saber como a história continuaria. Hoje vocês promovem "maratonas" de suas séries favoritas e, se quiserem, assistem todos os episódios de uma só vez, na hora que der vontade.

Escrevíamos uma carta e ela demorava uma, duas ou três semanas para chegar ao destino. Depois, aguardávamos outro período igual ou maior para receber a resposta. Hoje vocês têm, entre outros recursos, o WathsApp, que recebe e envia mensagens escritas, de voz, vídeos e áudios instantaneamente, de e para qualquer parte do mundo.

Fotografávamos utilizando rolos de filmes de 12 a 36 poses, que seriam enviados para revelar em laboratório e somente quando as fotos voltavam impressas em papel é que saberíamos se ficaram boas ou não. Hoje vocês batem a foto, olham no *display* do celular, deletam se não ficou boa e batem outra em seguida, tudo isso em alguns segundos.

Se a professora pedia para pesquisarmos sobre hidroelétricas, por exemplo, íamos até a biblioteca e passávamos horas consultando livros e enciclopédias, folheando revistas e escrevendo no caderno um resumo do que conseguíamos descobrir. Hoje, alguns cliques no Google e o uso das teclas copiar e colar resolvem a questão em poucos minutos.

Para comprar algo menos comum era preciso ir de loja em loja, viajar para grandes centros ou pedir para alguém trazer do Exterior (numa época em que não era tão comum viajar para fora). Hoje vocês entram num site, dão alguns cliques, pagam com cartão de crédito e recebem a mercadoria em poucos dias.

Quando eu consegui meu primeiro computador, a *internet* ainda era discada, ou seja, demorava alguns intermináveis minutos para "entrar" e quando queríamos abrir uma imagem, clicávamos na foto e saíamos para dar uma volta pela casa para dar tempo de a imagem carregar totalmente. Não existia *wifi* – era tudo por cabo mesmo! O computador ocupava uma mesa inteira e ficava fixo num canto da casa. Assistir vídeo pela *internet*? Só em baixa resolução e com muita paciência para esperar o vídeo carregar de pouquinho em pouquinho.

Eu poderia dar muitos exemplos, mas você já percebeu que se habituou a obter prazer imediato, gratificação instantânea, respostas rapidíssimas, informações *just in time*, vídeos *online* e por isso não tem a menor paciência com nada que demande muito tempo.

Mas, anote aí a segunda mais importante lição deste capítulo: tudo o que realmente importa demanda tempo e dedicação.

Sobre esse aspecto, não encontro palavras melhores do que as proferidas pelo jovem pesquisador inglês Simon Sinek na entrevista que concedeu sobre a geração Millennials ao programa Insid Quest, usando a tecnologia como base de comparação (entrevista publicada em 6 de janeiro de 2017, que você encontra na íntegra, legendada em português, no Youtube):

"Tudo o que quiser, você pode ter instantaneamente. Para tudo o que quiser existe gratificação instantânea, **exceto para satisfação profissional e fortalecimento dos relacionamentos.** Não há aplicativos para isso. **São processos lentos, sinuosos, desconfortáveis e turbulentos.** O que essa geração jovem precisa aprender é a paciência e que **algumas coisas que realmente importam, como o amor, ou satisfação profissional, alegria, amor à vida, autoconfiança, um conjunto de habilidades, quaisquer dessas coisas, tudo isso demanda tempo.** Às vezes você até pode acelerar algumas partes, mas a jornada completa é árdua e longa." (Os grifos são meus.)

Encontro muitos jovens que estão há pouco tempo no mercado de trabalho e já se sentem desiludidos porque seus empregos não são nem de longe aquilo que sonharam para suas vidas. Nas pesquisas que realizei, muitos manifestaram essa mesma frustração.

Ainda há pouco, enquanto escrevia estas páginas, recebi a mensagem de uma jovem que foi morar fora do Brasil, pois aqui sentia que seu trabalho não era o que ela queria, não fazia sentido para ela e não a fazia feliz. Ela não se sentia contribuindo com nada realmente importante. Lá fora, já mudou de emprego algumas vezes e em cada um deles encontrou muitos defeitos, pois eram empresas pequenas com problemas na gestão dos processos e das pessoas. Agora está trabalhando em uma empresa muito bem estruturada, que atua na sua área de formação, num ambiente organizado e com pessoas legais. "Está mais feliz agora?" - perguntei. A resposta foi titubeante: "Olha... o lugar é bem melhor que o anterior, mas os processos são muito engessados, não há espaço para criação e a gente não tem autonomia nenhuma..."

Jovem, a vida de verdade é assim mesmo e é maravilhosa justamente por isso. É uma busca constante, um processo contínuo de descobertas, de autoconhecimento, de amadurecimento dos nossos propósitos. Há projetos que se consolidarão apenas com o passar dos anos. Há conquistas que demandam um trabalho anterior, que pedem tempo, experiência, vivência e maturidade – fatores que enriquecem nosso repertório íntimo e nos ajudam a definir melhor o que queremos, a construir nosso *networking* e a fazer escolhas mais conscientes.

Os gurus que se multiplicam na *internet* vendendo a promessa de mudanças imediatas, que prometem transformar a sua vida em três dias ou que alardeiam a ideia de que de um dia para o outro eles passaram a ter uma vida absolutamente extraordinária, precisam que você acredite nisso, pois transformaram a felicidade num produto e querem que você compre deles.

QUANDO SEU TRABALHO NÃO É O TRABALHO DOS SEUS SONHOS

A escritora, pesquisadora e professora Brené Brown ressalta, em seu livro "A Arte da Imperfeição": "Não há nada que diga que você deve largar seu trabalho principal para cultivar um trabalho significativo. Também não há nada que diga que seu trabalho principal não seja significativo, talvez você apenas nunca tenha pensado nele desta forma".

Se você pode ter o trabalho dos seus sonhos, ótimo! Mas se hoje a sua ocupação principal não é o que você sonhou, eu sugiro o seguinte, por experiência própria e com base em meus estudos:

– Analise serena e objetivamente quais as suas possibilidades. Uma boa dose de meditação, conversa com especialistas e pessoas mais experientes, o apoio de um *coach* – tudo isso pode ajudar a estudar alternativas reais e planejadas para ir na direção do seu objetivo, ainda que você tenha que manter seu trabalho atual por um tempo, como forma de "financiar" seu projeto.

– Se houver chances de mudança para algo mais coerente com o que você considera significativo, aja nessa direção. Transformar ideias em ação ajuda a avaliar se aquele sonho é concretizável e se você realmente quer o que pensa desejar.

– Se não houver como mudar a situação externa, mude a sua forma de lidar com ela. Esta simples mudança de disposição mental tem o poder de desbloquear possibilidades que podem tornar as coisas bem mais agradáveis para você.

– Em ambas as alternativas, cultive sonhos paralelos em projetos pessoais mais aderentes ao que você considera um trabalho significativo, seja atuando no seio de sua própria família, seja em sua comunidade, seja em seu grupo religioso, seja em trabalhos voluntários etc.

Mas não desista! Como pessoas, nós ainda estamos aprendendo a arte do autoconhecimento e estamos longe de conhecer profundamente nossos talentos. Poucos conseguem de fato cultivar intencionalmente suas potencialidades e compartilhá-las de maneira plena com o mundo – o que lhes proporcionaria um considerável *upgrade* em seu nível de bem-estar subjetivo.

Por outro lado, nossa sociedade está apenas começando a reconhecer a importância de outros modelos de trabalho e de realização humana, ainda muito presa a um sistema que somente replica modelos que exploram o ser humano apenas como um "recurso", um meio para obter resultados e produzir riqueza, nem sempre de forma ética, nem sempre de modo sustentável.

Nas organizações humanas, não importa se é um grupo de teatro, o time de um banco, uma banda de música ou uma equipe da bolsa de valores, é sempre gente lidando com gente.

Penso que em todo tipo de atividade encontraremos oportunidade de contribuir para o desenvolvimento das pessoas, acolhê-las em sua multifacetada dimensão humana e construir junto delas um ambiente agradável de trabalho, buscando resultados sustentáveis, ao mesmo tempo que nos desenvolvemos também.

Com um pouco de sorte, capacitação e planejamento, no futuro talvez você possa dar-se ao luxo de se dedicar exclusivamente a projetos que considera significativos, mas **será preciso saber lidar com a realidade que você não havia sonhado para poder transformar o que você havia sonhado em realidade.**

QUERO QUE VOCÊ CONHEÇA UM CARA MUITO BACANA

E para completar meu raciocínio e terminar este capítulo oferecendo outros pontos de vista para você e para o nosso amigo Levi, eu chamo à nossa conversa o notável psiquiatra e filósofo austríaco Viktor Frankl, criador da Logoterapia (terapia centrada no sentido) e autor do livro "Em

Busca de Sentido" (eu espero que você esteja anotando os livros que vou citando por aqui, pois minha sugestão é que você leia todos os que conseguir).

Ele nasceu em 1905 e partiu deste mundo em 1997. Sua vida é um exemplo maravilhoso de resiliência, sabedoria e dedicação a um propósito. Sou seu fã incondicional. Ele já era um médico respeitado quando foi preso pelos nazistas durante a Segunda Grande Guerra mundial, juntamente com seus pais e esposa. Passou três anos sofrendo os horrores dos campos de concentração. Foi separado dos seus familiares, sofreu humilhações, passou frio extremo e muita fome, foi ferido em sua dignidade humana, tratado como animal, como outros tantos milhões de judeus nessa página triste da história da Humanidade.

Se você já viu fotos e vídeos reais dos campos de extermínio, sabe que toda palavra será insuficiente para descrever as terríveis condições impostas aos prisioneiros moralmente torturados, mantidos como escravos ou encaminhados para morrer nas câmaras de gás.

Imagine você ser sequestrado de seu ambiente social sem direito a absolutamente nada, ser despojado de seus bens, ver seus familiares sendo assassinados, seus companheiros de alojamento morrendo, esquálidos e esgotados, e conhecendo de perto o lado mais obscuro do ser humano. Muitos de nós não suportaríamos tamanho sofrimento, moral e psicológico.

Viktor Frankl conta-nos que para manter-se motivado a continuar vivendo ele pensava consigo mesmo que um dia estaria em uma sala de aula contando a seus alunos as coisas que aprendeu naqueles dias de horror. Aplicando a teoria que ele mesmo havia criado, ele conseguiu encontrar um sentido que o ajudou a atravessar aqueles momentos terríveis que ele não tinha como mudar.

Ele relata também o caso de um colega de alojamento que, no meio daquele verdadeiro inferno, havia tido um sonho bom. A Europa enfrentava uma epidemia de tifo, uma doença altamente contagiosa, transmitida por parasitas como o piolho, típica de aglomerações humanas mantidas em más condições de higiene. Aquele seu companheiro de infortúnio sonhou que a guerra terminaria em pouco mais de um mês, e acreditou fortemente que os americanos chegariam em breve para libertá-los. Ficou cheio de esperança, pensou que poderia finalmente voltar ao lar, rever sua família e retomar suas composições musicais ao piano. Esses pensamentos revigoraram seu ser por completo. Muniu-se de forças, buscou energias de algum lugar dentro de si a ponto de parecer outra pessoa. Contou esse sonho em segredo, mal contendo a ansiedade e a emoção. Mas os dias se passaram, as semanas se arrastaram, o final do mês se aproximava e nada de os americanos chegarem. Finalmente, receberam notícias de que os aliados estavam muito longe dali e não havia a menor possibilidade de prever quando seriam salvos e nem mesmo se seriam salvos.

Ao saber da triste realidade, o colega de Viktor Frankl caiu em total prostração. Adoeceu rapidamente, contraiu tifo e morreu em pouco tempo. Ele já não esperava nada da vida, toda aquela dor deixou de ter sentido para ele. Como acontece nesses casos, seu sistema imunológico enfraqueceu e, com baixa resistência, seu corpo não suportou.

Quando a guerra teve fim, Viktor Frankl retomou seu trabalho e seus estudos com força ainda maior. A experiência havia comprovado a teoria que ele já havia desenvolvido antes mesmo de ser preso: a motivação básica do ser humano é a vontade de sentido.

Para ele, sofrimento sem sentido é igual a desespero. Quem tem um "porquê" enfrenta qualquer "como", afirmava Frankl. Aqueles que conseguiram sobreviver às condições desumanas dos campos de concentração não eram necessariamente os mais fortes, mas os que haviam conseguido encontrar algum sentido naquele sofrimento.

Casou-se de novo, praticou alpinismo, aprendeu a pilotar aviões, escreveu muitos livros e deu aula nas mais consagradas universidades do mundo.

Há muitas outras ideias sobre Viktor Frankl que vale a pena serem conhecidas. Mas por ora eu convido você a imaginar uma continuação para aquela história que abriu este capítulo. Se achar melhor, releia a história e depois volte aqui. Partiremos do momento em que Levi se dirige para o quarto:

Levi não quis ser grosseiro. Estava cansado, frustrado, ainda assustado com a velocidade dos acontecimentos e incerto quanto ao seu futuro próximo, questionando sua própria competência, preocupado com a gestão do tempo e perguntando a si mesmo sobre a validade daquela experiência.

Ao entrar no quarto, uma surpresa: um senhor muito simpático, com seus óculos arredondados que lhe conferiam um tom professoral, aguardava sentado em sua mesa de estudos, anotando algo em um pequeno bloco de papel.

- Ops, desculpe, eu não sabia que tínhamos visita.

- Eu que peço desculpas, Levi. Deixe-me apresentar-me – meu nome é Viktor Frankl. Sou médico psiquiatra e filósofo, mas isso não é o mais importante. É um grande prazer conhecê-lo.

Levi largou a mochila pesada sobre a cama e estendeu a mão para cumprimentar o ilustre visitante.

- Bem, o senhor já sabe meu nome... desculpe o mau jeito, mas minha mãe não me contou que haveria alguém aqui.

- Fique tranquilo, Levi. Estou apenas de passagem. Não pude deixar de notar uma verdadeira nuvem escura perturbando seus pensamentos e desassossegando seu coração. Não quero ser invasivo, mas gostaria de trocar algumas palavras sobre isso.

Levi nem saberia dizer o porquê, mas confiou imediatamente naquele homem. Sempre reservado e de poucas palavras, sentiu que poderia se abrir sem medo de julgamentos e passou a falar.

- Eu realmente me sinto muito mal, pois pela lógica eu deveria estar feliz e me sentir grato por ter sido aprovado para o meu primeiro estágio. Sei que muitos gostariam de estar em meu lugar, mas, falando sinceramente, não me sinto mais feliz nem mais sortudo por isso.

Levi fez uma pausa para observar as reações de seu interlocutor, à procura de alguma expressão de reprovação, mas encontrou tão somente o olhar compreensivo e interessado do professor Frankl, que sinalizou para que ele prosseguisse.

- O estágio é necessário para conclusão do curso, o dinheiro será de *grande valia neste momento, mas o trabalho que farei é algo que não tem nada a ver com o que eu quero, nem com o que eu gosto. Para falar a verdade, é um trabalho sem graça, com pessoas que não significam nada para mim, numa empresa que não representa meus valores, e que vai tomar muito do meu tempo. Racionalmente, sei que é necessário, mas a verdade é que não faz o menor sentido pra mim.*

Levi sentou-se e pareceu livrar-se de outra mochila ainda mais pesada – a emocional. Sentia-se um pouco mais leve só de ter falado o que falou. Viktor respirou calmamente, colocou seu bloquinho de anotações no bolso do jaleco branco e disse com bom humor:

– *Levi, esses sentimentos são absolutamente naturais, ainda mais na sua idade. Antes de mais nada, não se culpe por sentir-se assim. E você tem razão, se algo não faz sentido para nós, não há como manter o ânimo e a motivação. Mas minha experiência e todos os meus estudos comprovam que a vida tem um sentido potencial sob quaisquer circunstâncias (e essa é a terceira grande lição deste capítulo).*

Ante o olhar atento e quase suplicante de Levi, o professor continuou:

– *Em todas as situações da vida, o sentido existe, mesmo que a gente não consiga ver. Ele existe independentemente de nós, é uma potência a ser realizada e deve ser encontrado por cada um de nós, pessoalmente, nos desafios que enfrentamos. Você se referiu à lógica e ao pensamento racional, mas, como você mesmo demonstrou, a mente racional nem sempre será capaz de encontrar o sentido. Muitas vezes será necessário que superemos os pensamentos e condicionamentos comuns e acionemos a nossa dimensão noética para enxergar a questão de outro ângulo.*

– *Dimensão noética?*

– *Sim, eu chamo de dimensão noética o que outros preferem chamar de dimensão espiritual. Os homens e os animais são constituídos por uma dimensão biológica, uma dimensão psicológica e uma dimensão social, todas elas mais ou menos limitadas por fortes condicionamentos. Mas o ser humano apresenta uma dimensão a mais, a noética, mais aberta e intuitiva, que o torna capaz de aplicar as outras três dimensões e transcendê-las.*

O celular de Levi começou a vibrar em algum lugar do quarto, sem que nem ele notasse. O professor, então, posicionou-se de pé ao lado da mesinha e disse em tom de despedida:

- Não há tempo para muito falatório, então vamos direto ao ponto. O sentido de uma situação pode estar em uma contribuição que só você poderia dar, transformando-a. Ou num encontro com o outro, que de alguma forma trará grande aprendizado. Ou até mesmo em ter de admitir que no momento não é possível mudar a situação e que você é que terá de mudar a si mesmo, transformando-se para, como dizem aqui no Brasil, fazer do limão uma deliciosa limonada. E a maneira de enxergar essas possibilidades, falando "no popular", é aprender a olhar com os olhos da alma. É um dos elementos daquilo que hoje chamam de espiritualidade.

Nesse momento Levi sentiu uma emoção gostosa de gratidão e esperança e ameaçou sorrir pela primeira vez, enquanto o professor concluía sua fala.

- No trabalho não importa apenas o que você faz, mas como você faz. Muitas vezes é no como que mora o sentido. É no como que você empenha seus valores e busca maneiras de se autotranscender e realizar, até que seja possível mudar de situação, se este ainda for seu desejo, pois nosso ponto de vista pode mudar e a vida está em constante movimento. Portanto, meu querido, erga a cabeça, comemore sua conquista com quem te ama e siga consciente de que a vida é uma aventura maravilhosa!

Levi lembrou-se de sua mãe dizendo "tudo passa" (isso sempre o acalmava quando era mais novo). Pensou consigo mesmo que a vida passaria a exigir maturidade e protagonismo. Tudo passa, mas agora ele começava a compreender que deveria exercitar sua capacidade de oferecer respostas mais conscientes, responsáveis e intencionais aos desafios da vida.

Quando ia agradecer, seu celular voltou a vibrar, dessa vez de forma insistente. Levi precisou abaixar-se para abrir a mochila e procurar o celular que havia se escondido atrás do notebook.

Quando ergueu a cabeça, o ilustre professor havia desaparecido, deixando muito material para que ele meditasse e refletisse a respeito.

Se você quer saber, o Levi da história real está muito bem, obrigado. Passado o susto, em poucas semanas sentia-se mais à vontade na nova situação. Ele ainda está aprendendo a lidar com ela e a encontrar seu sentido. E quem ainda não está?

E se você já passou por situação semelhante, assista ao vídeo que eu fiz sobre este assunto e conte a sua experiência, compartilhando o que aprendeu nos comentários do vídeo que você acessa pelo QR Code a seguir.

3
SEJA UM ESPECIALISTA EM VOCÊ

Ele é alto, magro e já meio calvo, apesar de contar com apenas 24 anos de idade. Sua relativa timidez é compensada pelos olhos verdes, grandes e penetrantes, que não fogem do olhar alheio durante uma conversa, seja qual for o tema.

Da mãe, herdou o raro dom de saber ouvir. Do pai, o jeito leve e o desejo de contribuir, de cooperar, de fazer a diferença positiva por onde passa.

Quem o visse anotando fórmulas e conceitos no quadro branco julgaria que ele nasceu para ser professor. Mas o seu sonho, por muito tempo, era ser médico.

Tobias quase não havia passado do primeiro um ano e meio de vida. Quando tinha pouco mais de 15 meses, foi acometido de uma meningite severa e os médicos chegaram a recomendar que seus pais se preparassem para o pior.

Mas Tobias já demonstraria sua valentia desde cedo, vencendo sem sequelas a primeira grande batalha da sua vida.

Porém, haveria outras. Aos dez anos, viu o câncer levar embora seu querido pai, uma das pessoas mais nobres, ponderadas, amigas e sábias que eu já conheci, que partia desta vida deixando ele, a mãe e a irmã sem o porto seguro sempre tão disponível e amoroso.

Talvez por esse motivo, talvez por outro, algum tempo depois Tobias passou a focar em um objetivo bastante ousado: queria ser médico. Foi assim que terminou o ensino médio e ingressou na fase dos cursinhos pré-vestibulares.

Tobias tinha consciência de que havia alguns gaps em sua formação escolar. Mas, para quem havia vencido batalhas mais difíceis, esse não seria o problema. Ele havia aprendido outra qualidade com seu pai: a disciplina. Determinado a realizar seu sonho, frequentou o cursinho mais rigoroso que havia em sua cidade. Para compensar o que havia perdido por ocasião de algumas mudanças de escola e de cidade, nos primeiros anos de cursinho ele acordava sistematicamente antes do sol nascer, estudava por duas horas, depois tomava banho, lanchava e ia para o curso. De tarde, novas horas de estudo, tudo devidamente planilhado para o máximo aproveitamento do tempo, dia após dia.

Tobias tinha um propósito. Era algo que transbordava do seu modo de ser: ele queria aliviar o sofrimento das pessoas e ajudá-las no que fosse possível. Era o que tinha em mente quando pensava em ser médico. E todos eram unânimes em afirmar que ele seria um ótimo médico, pois tratava muito bem as pessoas, cativava as crianças e sabia como lidar com os velhinhos.

Mas, na primeira tentativa não houve sucesso. Medicina é um dos cursos mais concorridos em nosso país, mantendo uma média aproximada de 150 candidatos por vaga nas universidades públicas.

Se você mora no Brasil, deve saber que os cursos particulares de Medicina cobram preços praticamente inacessíveis para a maioria quase absoluta dos brasileiros. Para Tobias não havia múltipla escolha. Ou seria uma instituição pública, ou não seria.

No segundo ano ele ainda não alcançou a nota mínima. Mantinha a esperança e o esforço. Então veio a terceira tentativa, depois a quarta, ambas também frustradas.

Aparentemente, Tobias mantinha a calma, mas, por dentro, a ansiedade afetava sua saúde e seu estado de humor. Só Deus sabe das conversas que tiveram nas noites mal dormidas e das vezes em que ele chorou em silêncio, para não entristecer a mãe.

Na quinta tentativa Tobias já acusava o cansaço e uma ponta de desesperança. Não faltou quem o criticasse por insistir. Aliás, tenha esta verdade em mente: sempre haverá quem critique o que você fizer e a decisão que você tomar. Se ele tivesse desistido na primeira ou segunda tentativa, haveria quem o acusasse de falta de determinação. Se ele continuasse tentando, haveria quem considerasse aquilo uma insana teimosia.

Contudo, o tempo passa e a gente amadurece. Do ensino médio até os dias que estamos retratando, Tobias e sua família já haviam mudado de cidade três vezes. Sua irmã tinha partido para estudar na Inglaterra e agora ele e sua mãe dividiam um pequeno apartamento na cidade onde nasceu, no litoral, para onde voltaram depois de alguns anos morando longe da praia.

Nesse processo todo, Tobias conheceu muita gente, compartilhou sua experiência com muitas pessoas, conversou muito com sua mãe, familiares e amigos, trocou ideias com seus professores, leu, fez terapia, praticou meditação e, no final das contas, resolveu mudar de estratégia. Em sua sexta tentativa ele colocaria a Medicina como segunda opção, optando pela Fisioterapia como sua primeira.

Eu vou dar uma pausa para você pensar no que faria se estivesse no lugar do Tobias. Levanta daí e vai dar uma volta, tomar um sorvete ou assaltar a geladeira enquanto pensa nisso. O que você faria?

(pausa)

É muito mais fácil encontrar uma solução teórica quando o problema é dos outros e nos afeta apenas hipoteticamente. Na prática, no entanto, toda decisão envolve uma escolha e toda escolha significa, em última análise, dizer sim para algumas coisas e não para outras – quase sempre sem a certeza de que vai dar certo. Se você acha que esta foi uma decisão *do tipo "molezinha", saiba que custou muito desgaste emocional, muita energia dos neurônios, muitas horas de caminhada, meditação e preces.*

Mas, o fato é que Tobias foi aprovado para o curso de Fisioterapia em uma excelente universidade pública que tem um campus na sua cidade. Não sem angústia e ansiedade: seu nome só apareceu na lista na quinta chamada.

E quer saber? Ele já está no segundo ano e muito feliz. Descobriu na Fisioterapia um universo que jamais havia imaginado. Foi amor à primeira vista. Descobriu que poderia desenvolver muitas atividades ligadas ao seu propósito de vida e aplicar muitos de seus talentos naquela profissão que vai revelando-se cada dia mais sedutora para ele.

Tobias é muito querido entre os colegas. Já no primeiro ano aderiu ao programa voluntário mantido por alunos que dão aulas para jovens que prestarão vestibular, mas não possuem condições financeiras para pagar cursinhos pré-vestibulares. Ele sabe muito bem o que é querer passar e não conseguir.

Além disso, é elemento atuante no diretório acadêmico e já está provocando grandes mudanças no ambiente antes sujo e desorganizado que eles utilizam para desenvolver parte das atividades.

Todas essas coisas ofereceram ao jovem Tobias um acréscimo importante de autoestima. Ele está curtindo ao máximo essa nova fase da sua vida.

E eu que o conheço bem de perto, posso dizer em alto e bom som: ele merece!

Antes de seguir adiante queria que você soubesse de uma coisa.

Um dos meus objetivos neste livro é combater a imagem de que temos que ser sempre mega/blaster/hiper/superbem resolvidos o tempo todo. Hoje em dia nem super-herói é retratado desse jeito. Portanto, cuidado com a forma como você se avalia.

A verdade é que "procurando bem todo mundo tem pereba", como diriam Chico Buarque e Edu Lobo, autores da canção Ciranda da Bailarina, que ilustra perfeitamente o que eu venho repetindo por aqui.

Às vezes a gente trava e trava feio! Mesmo aqueles que hoje estão comemorando conquistas passaram por altos e baixos, enfrentaram momentos de insegurança e desânimo, atravessaram momentos tipicamente humanos de instabilidade emocional e contaram com o apoio de muita gente.

Não vá simplesmente tomando como verdade absoluta os vídeos, fotos e frases de efeito que você vê nas mídias sociais. A vida real não tem filtros nem editor de imagens. Ela é complexa, as pessoas podem ser paradoxais, os ciclos têm seus ritmos e todo mundo precisa de ajuda em algum momento.

Faz sentido pra você?

QUEM VOCÊ PENSA QUE É?

Essa frase normalmente a gente diz para outra pessoa num momento de raiva quando queremos dizer que ela não é tão importante quanto pensa ser.

Mas, você já fez essa pergunta seriamente para si mesmo? (experimente fazer na frente do espelho, olhos nos olhos...)

Tudo bem que as pessoas não conheçam você profundamente e por isso o avaliem pelas aparências, julguem seu comportamento sem saber de suas motivações mais profundas, critiquem suas decisões mesmo desconhecendo suas razões mais íntimas. Você é que não pode fazer isso com você mesmo!

Primeiro por você, pois saber quem você é, o que pensa, o que deseja, o que o motiva, no que acredita, quais são seus valores e seus talentos é condição para iniciar sua caminhada na direção do florescimento.

Em segundo lugar, somente se conhecendo, observando o que alegra ou machuca você, será capaz de entender o que se passa com o outro e desenvolver a empatia e a compaixão, elementos fundamentais para a construção de relacionamentos positivos e o aprimoramento das suas habilidades sociais.

Além disso, somente sendo um especialista em você mesmo será capaz de identificar com maior clareza as oportunidades de aplicar seus talentos em atividades e projetos que se identifiquem com esses talentos e com seus valores, encontrando sentido no que faz e deixando a sua marca, o seu legado.

DESCASCANDO CEBOLAS (SEM CHORAR)

Você já observou uma cebola? Já reparou como ela está organizada em camadas? Quando você olha para uma cebola, a primeira coisa que observa é a casca – algumas amarelas, outras brancas, outras roxas, umas brilhantes, outras opacas, mais viçosas ou desgastadas.

Por analogia, na nossa vida de relação, o que a gente observa primeiro também é a casca – o corpo, a roupa, a aparência das pessoas. Essa é a camada mais externa.

Alguém já julgou você pela aparência, pelo tipo de roupa, por causa de uma tatuagem, pela cor da sua pele, pelo formato do seu cabelo, pelo tamanho dos seus glúteos, por você usar meias coloridas, gravatas floridas ou um *piercing* na ponta da sobrancelha? Tenho certeza que sim. Assim como é bem provável que você faça o mesmo em relação às pessoas, mesmo sem perceber.

É uma atitude comum, pois o mundo das formas ilude-nos mesmo. Precisamos estar atentos e conscientes para não cometer esse erro com os outros. Porém, da mesma forma, precisamos estar vigilantes para não cair no mesmo equívoco em relação a nós mesmos. Se você se dá menos valor porque não tem a altura que queria, porque tem o nariz largo, seios pequenos, pouco cabelo, testa longa, bunda modesta, pescoço curto, olheiras, cintura reta, ou seja lá qual for o motivo, você está preso na camada mais externa. Você ainda não saiu da superfície e provavelmente está preso a modelos e paradigmas sociais que precisa aprender a questionar. Achar que você vale menos do que os outros por esses motivos é uma grande sacanagem que você faz com você mesmo. Você deixou-se cair na armadilha! Nossa autoestima não pode depender dos padrões vigentes nas passarelas, novelas, capas de revista e programas de auditório. Esses são condicionamentos culturais que não definem o seu valor real.

Sei que essa é uma questão mais óbvia, mas muito presente como motivo de insatisfação dos adolescentes – e não só deles, nem só das garotas, como pode parecer. Com a maturidade, deveria tornar-se uma questão menor, mas, como estamos mergulhados em uma sociedade que supervaloriza as aparências, tem muita gente adulta, e até mesmo mais velha - homens e mulheres -, brigando com o espelho e com a balança, achando que não merecerá ser amada se não der um jeito em seus "defeitos".

Mas, vamos em frente. Aprofundando um pouco mais, a segunda camada mais externa é a do comportamento. Embora a analogia ainda faça algum sentido, aqui vai ficando bem claro que não somos cebolas (ufa! Ainda bem!). Somos seres complexos com milhões de nuances e variações em nosso modo de ser, elementos que nos fazem ser ainda mais únicos do que as impressões digitais.

Somos diferentes! Até mesmo dois irmãos gêmeos idênticos criados pelos mesmos pais, crescendo no mesmo lar e sujeitos às mesmas circunstâncias gerais, serão diferentes. Não há nada de mal nisso. Na verdade, é uma característica maravilhosa do ser humano. É o que faz o mundo ser tão interessante.

Mas, se é assim, por que nos comparamos o tempo todo? Por que fazemos um esforço imenso para sermos iguais?

Tipo assim...

Uma das dimensões que nos diferenciam é o nosso perfil comportamental.

Há vários métodos e ferramentas para avaliar nosso perfil, baseados principalmente em estudos da Psicologia. Sem a menor pretensão de apresentar todas elas, pois não é esse nosso objetivo, eu poderia citar, por exemplo, o MBTI (*Myers-Briggs Type Indicator*), ferramenta criada por Isabel Briggs Myers, e sua mãe, Katharine Briggs, que identifica os tipos psicológicos, com base nos estudos de Carl Jung, ou ainda o DISC, o popular teste de perfil comportamental criado com base na teoria do psicólogo dr. William Moulton Marston.

É muito interessante quando a gente consegue identificar nossos perfis e tendências comportamentais. Mais do que curioso, esse conhecimento ajuda-nos a entender melhor porque costumamos adotar esta ou aquela postura. Ajuda-nos a lembrar que as outras pessoas também têm, cada uma delas, o seu perfil predominante e, dessa forma, nos ensina a ser mais tolerantes, ao compreendermos que cada um tem a sua forma de reagir aos estímulos e situações que enfrenta.

E o que é importante deixar bem fixado nessa questão? Que você não é melhor nem pior do que ninguém em relação ao seu perfil comportamental. É verdade que alguns tipos psicológicos podem enfrentar com mais tranquilidade determinada situação do que outros. Porém, em outra dada circunstância a situação pode inverter-se. E aí está a beleza da vida interdependente. Nós nos complementamos!

Só para dar um exemplo, há quem seja mais extrovertido, goste de ser o centro das atenções e expressar-se efusivamente. Este, busca preferencialmente a energia do lado de fora. Mas há também quem seja mais introvertido, prefira observar mais e falar menos e se sinta mais confortável mantendo-se reservado. Este, busca preferencialmente a energia em seu mundo interior.

Notem que eu disse "preferencialmente", pois mesmo tendo um perfil dominante nós nos moldamos às situações quando necessário. Pense nas ocorrências da sua vida. Você com certeza já teve de ser mais ousado, ou mais contido, contrariando sua natureza, para fazer frente a uma determinada situação. Mas, assim que ela passou, você voltou ao seu perfil predominante, não é verdade?

E qual será seu perfil predominante? Você faz ideia?

Por ser uma ferramenta muito popular e de fácil compreensão, vamos falar um pouco mais sobre o **DISC**.

Ela é um tipo de *assessment*, ferramenta que avalia as preferências comportamentais das pessoas através de quatro tendências básicas: **Do**minance, **I**nfluence, **S**teadiness e **C**ompliance, que em Português foram traduzidas como Dominância, Influência, Estabilidade e Conformidade.

A ferramenta, quando aplicada por agentes certificados, identifica seu perfil natural (aquele que você traz como seu, naturalmente) e seu perfil adaptado (aquele que você adapta às situações, se necessário), fazendo análises diversas e bem completas sobre seu perfil predominante, sua visão de mundo, seus motivadores, seus hábitos, suas características marcantes, seus pontos de atenção etc.

Mas, mesmo de forma empírica, nós podemos divertir-nos um pouco apenas com seus conceitos básicos, cada um pensando sobre seus próprios comportamentos e avaliando se o seu perfil predominante é o **D**, o **I**, o **S** ou o **C**.

Vamos lá?

Se você é uma pessoa do tipo **D** (de Dominância), então você é predominantemente orientado para as metas, competitivo, audacioso, focado e direto. Busca resultado e é motivado por desafios e pelo senso de eficácia. Precisa estar atento para não descambar para a arrogância.

Se você está mais para um **I** (de Influência), então você é predominantemente orientado para influenciar, persuasivo, comunicador e espontâneo. Busca relacionamentos e sente-se motivado quando pode exercitar a liberdade e a criatividade. Precisa cuidar para não falar demais, perder o foco e os prazos.

Se você é um **S** (de Estabilidade), então você é predominantemente orientado para a harmonia, amável, conservador, diplomático e confiável. Busca colaboração e é motivado pela segurança e pela lealdade. Corre o risco de se perder ao tentar agradar a todos.

Já se você é um típico **C** (de Conformidade), é predominantemente orientado para detalhes e processos, analítico, organizado, lógico, sistemático e cauteloso. Busca precisão e é motivado pelo alto padrão e pela eficiência. Se exagerar na dose, pode ficar travado por excesso de preciosismo.

E então? Conseguiu encaixar-se em algum desses tipos predominantes?

Talvez um exemplo ajude: alguém em seu grupo sugere fazer uma festa para comemorar uma data muito significativa. O perfil **D** já se levanta, toma a frente do projeto e diz "é isso mesmo! Vamos fazer no feriado do mês que vem" e já começa a delegar tarefas para todo mundo. O perfil **I** vai ficar superanimado, pois ama uma festa, e mais que depressa dirá "deixa que eu falo com todo mundo", e passará muitos minutos convidando e convencendo um a um a ir na festa. O perfil **S**, então, dirá "não podemos esquecer de fulano e ciclano, que estão morando longe" e passará a organizar comissões para que cada uma cuide de uma parte do evento". Na mesma hora, o típico **C** dirá "precisamos calcular o número de pessoas, verificar quantas cadeiras serão necessárias, onde alugar pratos e talheres, consultar o preço do DJ e do aluguel do salão e pensar em como levantaremos verba para as despesas extras" e logo criará uma planilha eletrônica para organizar as informações.

Sem o **D**, talvez a festa não saísse do campo das ideias. Sem o **I**, talvez menos pessoas se sentissem motivadas a ir. Sem o **S**, alguns seriam esquecidos, enquanto outros ficariam sobrecarregados. E sem o **C**, talvez descobrissem que havia um grande furo no planejamento do evento somente no dia da festa.

Qual deles mais se parece com você? E qual o mais importante?

Para concluir este assunto quero destacar:

- Todos os perfis são igualmente importantes. Todos têm seu lado luz e seu lado sombra;

- Determinados perfis predominantes sentem-se mais confortáveis em certas atividades, mas podem trabalhar os seus *gaps*. Uma pessoa com baixo **D**, por exemplo, terá que aprender a "subir o seu **D**" quando estiver exercendo uma função de comando. É isso que chamamos de perfil adaptado;

• Todos nós somos DISC, ou seja, temos os quatro tipos em maior ou menor grau, ainda que haja um naturalmente predominante;

• As graduações das características **D**, **I**, **S** e **C** variam de uma pessoa para outra e variam entre si na mesma pessoa. Essa "equalização" das nossas características DISC faz com que sejamos diferentes uns dos outros, mesmo quando temos o mesmo perfil predominante;

• Nosso perfil predominante geralmente se mantém, mas a forma como nosso DISC é "equalizado" pode mudar, conforme a situação e a passagem do tempo.

Olha, eu sei que esta parte teórica pode ser meio maçante, mas é importante refletir sobre o que ela significa em nossa vida prática, atendendo ao escopo deste livro.

Todos temos momentos na vida em que "invejamos" o modo de ser de alguém. Na faculdade, por exemplo, o rapaz introvertido pode desejar ser tão extrovertido quanto seu colega do lado, que, utilizando as características típicas de um perfil I com alto D (influente e dominante) tem muita facilidade para liderar seu time, comunicar-se com os professores, tornar-se popular, ganhar a atenção das colegas e coisas assim.

Mas o problema não é invejarmos as características do colega, pois este sentimento poderia até ser um estímulo para trabalharmos melhor nossa comunicação e nossa assertividade. O pior é sentirmo-nos menos do que aquelas pessoas por não sermos como elas. Esse é o grande equívoco. E era esse equívoco que eu não podia deixar passar.

A propósito, se você, como eu, é um introvertido, sugiro a leitura do livro "O Poder dos Quietos – Como os Tímidos e Introvertidos Podem Mudar um Mundo Que Não Para de Falar", da escritora e conferencista norte-americana Susan Cain.

INTELIGÊNCIAS MÚLTIPLAS

Neste caldo riquíssimo que nos constitui e nos torna tão diferentes uns dos outros, além de nossas características físicas e de nosso perfil psicológico, podemos ainda acrescentar as inteligências.

Gosto muito deste tema. E devemos a Howard Gardner, cientista e psicólogo americano, a teoria das Inteligências Múltiplas que nos libertou da ditadura do QI (quociente intelectual).

Até pouco tempo, e ainda hoje em muitos lares e meios sociais, éramos valorizados quase que tão somente pela nossa **inteligência lógica**, nosso QI, cujo famoso teste indicava se teríamos ou não alguma utilidade para a Humanidade. Como herança, ainda valorizamos mais uma criança que é "boa" em matemática do que outra que, por exemplo, tem uma grande competência musical. Obviamente essa percepção está muito vinculada às expectativas do mercado de trabalho. Se você destacar-se em cálculo matricial, seus pais logo se alegrarão pensando: "Uau, minha filha vai ser engenheira!" Mas se você sair realizando solos maravilhosos na guitarra, talvez a euforia não seja a mesma, por motivos óbvios.

Outra inteligência sempre muito considerada é a inteligência verbal (que Gardner prefere chamar mais apropriadamente de **inteligência linguística**). Ela é, em resumo, a habilidade para entender, decifrar e comunicar significados, usando a linguagem para persuadir, agradar, estimular ou transmitir ideias.

Crianças e jovens com raciocínio mais lento do que o da média e ainda com dificuldades para expressar suas ideias de forma fluente, expansiva e bem coordenada geralmente eram (e às vezes ainda são) consideradas menos capazes e talvez menos importantes para a sociedade.

Mas, desde que Gardner lançou a sua teoria das múltiplas inteligências, esse conceito vem mudando. Na escola do futuro, essa que você, jovem leitor de corpo ou de alma, vai ajudar a criar, haverá espaço para o desenvolvimento de todas as nossas inteligências, respeitando as características e as tendências de cada criança, mas oferecendo oportunidades para que todas as inteligências possam ser estimuladas.

Na sociedade do futuro, essa que você vai ajudar a construir, todas as inteligências serão valorizadas e aproveitadas, estimulando as pessoas a aplicarem-nas de forma intencional, engajada e consciente a serviço do bem comum e do desenvolvimento dos potenciais humanos em todas as organizações. Essa nova forma de pensar reorganizará nosso modelo de sociedade e permitirá que as pessoas possam viver e contribuir com o mundo através de seus talentos, em propostas que se afastem do paradigma reducionista que hoje vê o ser humano apenas como um recurso que deve ser explorado para manter a máquina geradora de lucros rodando.

Com Gardner, descobrimos que além da inteligência lógico-matemática e da inteligência linguística, já bastante conhecidas, temos outras igualmente importantes.

Como a **inteligência interpessoal**, que nos confere um elevado grau de empatia, nos ajuda a compreender os outros e a estabelecer vínculos duradouros.

Quando Tobias, por exemplo (que escrevia muito bem, mas não era muito rápido com cálculos e fórmulas matemáticas), está atendendo seus pacientes do estágio, utiliza fortemente essa inteligência e por isso os velhinhos atendidos gostam tanto dele. Ele os entende, lê em suas expressões faciais a dor e a apreensão que estão sentindo e essa capacidade faz toda a diferença.

Temos a **inteligência intrapessoal**, que nos torna capazes de ler e entender nossos próprios sentimentos, praticar a introspecção e sondar nossas necessidades mais profundas. Como já dissemos antes, essa habilidade nos capacita também a entender melhor o que se passa com os outros.

Parece uma inteligência óbvia, mas nem todos a desenvolvem, pois, como já comentamos, muitos estão excessivamente conectados ao mundo exterior, sem contato íntimo consigo mesmos.

Tobias precisou de uma boa dose de Inteligência intrapessoal para entender quais eram realmente seus anseios (o que eu realmente quero?) e meditar sobre como poderia atendê-los ante as condições desfavoráveis que enfrentou.

Há ainda a **inteligência corporal-cinestésica** que consiste em ter o domínio sobre o próprio corpo e utilizá-lo com precisão para resolver problemas. Como engloba também a habilidade de empregar a coordenação grossa ou fina em atividades esportivas, dança, artes cênicas, ou na manipulação bem calculada de objetos e corpos, com certeza Tobias empregará e aprimorará essa inteligência em seu ofício de fisioterapeuta.

A **inteligência musical** manifesta-se através das habilidades para apreciar, compor ou reproduzir uma peça musical, discriminando sons e percebendo temas musicais, com sensibilidade para captar ritmos, texturas e timbres.

Essa é uma inteligência na qual mais facilmente observamos algo que você precisa ter bem claro: todos possuímos todas estas inteligências, mas em diferentes níveis de desenvolvimento. Enquanto eu ou você conseguimos, no máximo, bater palmas e balançar o corpo no ritmo da música (o que já denota um nível, ainda que mínimo, dessa inteligência), outros estão compondo trilhas musicais para o cinema neste momento.

Outro exemplo facilmente observável: existem excelentes músicos, que cantam e dançam muito bem, portanto possuem bem desenvolvidas as inteligências musical e corporal-cinestésica, no entanto, são muito mal resolvidos e vivem criando conflitos com seus parceiros de espetáculo ou colegas de banda, deixando evidente que não estão muito bem nos quesitos inteligência intrapessoal e interpessoal.

Ficou claro como também há inúmeras "equalizações" possíveis quando pensamos nos níveis de inteligência de cada pessoa e na combinação dessas inteligências em cada ser humano?

Mas, ainda não terminamos. A **inteligência espacial-visual**, sempre segundo Gardner, caracteriza-se pela capacidade para perceber o mundo visual e espacial de forma precisa. É a habilidade para manipular formas ou objetos mentalmente, criar tensão, equilíbrio e composição, numa representação visual ou espacial. Obviamente é muito presente entre artistas plásticos, engenheiros e arquitetos, mas também no decorador, no pintor de paredes, no mestre de obras ou no pedreiro, por exemplo, em níveis diversos.

Gardner aponta ainda duas inteligências: a **inteligência naturalista** e a **inteligência existencial**.

A primeira é a facilidade para distinguir os elementos naturais, observar, compreender e relacionar-se com o meio ambiente, os animais e as plantas, desenvolvendo a sensibilidade para a percepção e a admiração de outras características do mundo natural. São aqueles seus amigos que curtem uma trilha, que conseguem diferenciar uma vegetação da outra, que conhecem as fases da lua, distinguem um sapo de uma rã, e gastam horas de caminhada só para observar uma cachoeira.

A segunda é a sensibilidade e a capacidade de abordar questões profundas sobre a existência humana, refletir sobre o sentido da vida, sobre a morte e nossa conexão com o cosmos.

E agora lembrei-me do Tobias novamente. Ele precisou utilizar também seus recursos de inteligência existencial para definir como se posicionaria no contexto de sua própria existência, revendo seus princípios, reavaliando o sentido que havia vinculado ao desejo de ser médico e pensando no papel que estava reservado para ele nesta vida, considerando seu propósito e o desejo de dar significado às suas contribuições (o que eu desejo e posso entregar para o mundo?).

Eu espero que você tenha aproveitado para pensar em suas próprias inteligências enquanto lia estas páginas. Se estas nove inteligências estivessem representadas em um painel com nove controles deslizantes posicionados em uma escala de 1 a 10, em que nível estaria cada uma das suas inteligências hoje?

SEU EQUALIZADOR DE INTELIGÊNCIAS MÚLTIPLAS

Faça uma autoavaliação cuidadosa e depois preencha o quadradinho que equivale ao nível de cada uma de suas inteligências.

	LÓGICO MATEMÁTICA	LINGUÍSTICA	INTERPESSOAL	INTRAPESSOAL	CORPORAL CINESTÉSICA	MUSICAL	ESPACIAL VISUAL	NATURALISTA	EXISTENCIAL
Nível 10									
Nível 09									
Nível 08									
Nível 07									
Nível 06									
Nível 05									
Nível 04									
Nível 03									
Nível 02									
Nível 01									

Visualize o seu "equalizador de inteligências múltiplas" sem fazer julgamentos depreciativos. Faça as pazes com ele, orgulhe-se dele. Ele representa outra dimensão da singularidade do seu ser.

UMA OUTRA PERSPECTIVA: A INTELIGÊNCIA EMOCIONAL

Há um outro autor importantíssimo que não podemos deixar de lado nesta nossa conversa. O psicólogo, escritor e jornalista norte-americano Daniel Goleman, autor do *best-seller* "Inteligência Emocional", que lançou novas luzes sobre o tema das inteligências humanas, mais especificamente no campo das emoções.

Para Goleman, **inteligência emocional** tem a ver com o quanto nós dominamos a nós mesmos e nossas relações interpessoais. É a capacidade de identificar os nossos próprios sentimentos e os dos outros, de nos motivarmos e de gerir bem as emoções dentro de nós, assim como nossos relacionamentos. Ele divide esta inteligência em cinco dimensões:

A autoconsciência de nossas emoções é a primeira delas. Saber o que eu estou sentindo no momento em que eu estou sentindo. Reconhecer, admitir e ser capaz de dar nome aos meus sentimentos.

Lembra o que dissemos sobre estarmos excessivamente conectados ao mundo externo e desconectados de nós mesmos? Quantas vezes você sentiu coisas que não conseguiu definir, mas preferiu fugir de pensar nelas? Muitas vezes optamos por deixar que aquele sentimento estranho passe sozinho e, dessa forma, perdemos a oportunidade de entender que sentimento era aquele, o que disparou aquele sentimento e como eu poderia aprender a lidar melhor com ele, ou até mesmo aprender com ele algo importante sobre mim.

Em nossa cultura os homens são ainda menos estimulados a falar de sentimentos. Mas não tem sido raro que até mesmo as meninas prefiram não lidar com eles – ainda mais quando expressar sentimentos como tristeza, por exemplo, passa a ser visto como fraqueza. E se você tem filhos, netos, sobrinhos ou alunos, como tem tratado os sentimentos dessas crianças e jovens? Na correria do dia a dia, cansados, apressados ou muito ocupados, não lidamos bem com os humores deles e nos limitamos a usar nossa autoridade para obter silêncio e sufocar as brigas, as explosões de mau humor e coisas assim. Isso equivale a jogar a sujeira para debaixo do tapete e não os ajuda a desenvolver a inteligência emocional.

O ideal seria dedicarmos mais tempo para o diálogo. Ajudar nossos filhos, por exemplo, a entenderem o motivo de tanto desconforto em determinadas situações. Deixar que falem, perguntar, conduzir a conversa com cuidado e amorosidade – sem julgamentos, para que se sintam dispostos a falar e a investigar os próprios sentimentos, tentando identificar o que estão sentindo. Se esta auto-observação transformar-se em um hábito, então teremos contribuído para uma parte importante do seu desenvolvimento.

Eu tenho um exemplo real e muito interessante para ilustrar meus argumentos. Uma criança de pouco mais de sete anos começou a dar muito trabalho na escola. Demonstrava cada vez mais irritação e impaciência até o dia em que agrediu um colega deficiente auditivo que havia entrado na turma há alguns meses.

Olhando a cena qualquer um de nós ficaria horrorizado com o comportamento daquela criança "malvada", capaz de agredir um coleguinha com necessidades especiais.

Por sorte, a professora e seus pais eram pessoas sensíveis e sabiam que o comportamento de alguém é apenas uma face (a casca da cebola) que reflete algo mais profundo e invisível aos olhos do observador – o mundo intencional, o universo dos sentimentos de alguém. Por isso, resolveram agir com amor e verdadeiro interesse, conversando com a criança e tentando ajudá-la a entender o que estava acontecendo, ao mesmo tempo em que eles também a tentavam compreender.

Resumindo a história, a criança em questão tinha um irmão autista. Ela nunca havia dito até então, mas ressentia-se pelo fato de sua mãe ter de dar tanta atenção ao irmãozinho que, em virtude de suas naturais dificuldades, ocupa boa parte do tempo, da energia e dos cuidados da mãe. No fundo, era difícil para ela admitir que sentia ciúmes do irmão. E só conseguiu perceber esse sentimento mais claramente quando teve esta conversa com seus pais. E o gatilho para o ato agressivo? Há alguns meses a classe havia recebido um novo aluno, aquela criança com problemas na audição. Em pouco tempo, por razões óbvias, a professora passou a dar uma atenção especial ao aluno citado. Inconscientemente, nosso amiguinho sentiu-se ameaçado: como se não bastasse ter de ceder a vez ao irmão constantemente em casa, agora teria de fazer o mesmo na escola? Isso era demais para ele e por isso reagiu de forma agressiva.

Pois bem, com ajuda dos adultos, ele tinha galgado o primeiro degrau da inteligência emocional: aprendera que estava sentindo ciúmes, medo, raiva e culpa. Mas, para seguir frequentando as aulas sem problemas, teria de passar à segunda dimensão da inteligência emocional: a autorregulação ou autocontrole.

Deixemos esse exemplo e falemos de você, hipoteticamente. Seu pai fez uma observação à mesa que irritou você profundamente. Você teve uma reação exagerada, exasperou-se, falou mais alto, deixou a comida no prato e saiu batendo a porta. No quarto, cinco minutos depois, já estava arrependido. "Meu pai não merecia que eu falasse assim com ele...". Na verdade, você já sabe que sentiu muita raiva e uma ponta de ciúmes. E que o gatilho foi o mesmo de sempre: seu pai estava comparando você ao seu primo que tem a mesma idade que você, mas já se formou e conseguiu um bom emprego, enquanto você nem sabe ainda se vai querer concluir o curso que está fazendo.

De fato, isso é muito chato. Os pais realmente "pisam na bola" quando agem assim - ninguém gosta de ser comparado -, mas você já é maduro o bastante para saber que seu pai não faz isso por mal. Provavelmente, você também se sentiria melhor se não perdesse o controle e soubesse reagir com mais serenidade. É essa a hora de aplicar a autorregulação. "Ok, sei que estou com raiva e com ciúme e sei muito bem porquê. Como vou lidar com isso?" Quase sempre esse caminho se faz através do diálogo respeitoso e despido de pré-julgamentos, em que as partes possam expressar como se sentem e combinar novas formas de lidar umas com as outras. Nesse exercício de grande beleza humana, todos crescem.

Essa é uma habilidade que será determinante na vida familiar, em seus relacionamentos amorosos, na sua relação com filhos, amigos e colegas de trabalho. Em casa você está entre pessoas que o amam. Mas em uma empresa pode ser bem diferente. Sabe-se que muitas pessoas que haviam sido contratadas pelo seu alto QI (quociente intelectual) acabaram sendo demitidas pelo seu baixo QE (quociente emocional).

A terceira dimensão da inteligência emocional apontada por Goleman é a automotivação, capacidade de dirigir as emoções a serviço de um objetivo ou realização pessoal, motivando a si mesmo sem depender de estímulos externos. Você deve conhecer pessoas assim (ou quem sabe você seja assim): elas seguem na direção do seu objetivo, independentemente do que dizem os outros, da aprovação alheia, dos modismos, dos revezes. Se preciso, elas tentam de outro jeito, mas sabem trabalhar suas emoções e sentimentos para que não se tornem sabotadores de seus projetos.

Lembram-se do Tobias? Se ele não fosse tão automotivado não teria tentado tantas vezes e não saberia a hora de mudar de estratégia. Perderia a oportunidade de realizar seu propósito por outros caminhos, vencido pelo estresse, pela culpa, pela ansiedade, pelo medo de errar e pelo desânimo.

A quarta dimensão é a empatia – a capacidade de reconhecer as emoções dos outros. Naturalmente, antes é preciso que eu tenha desenvolvido a autoconsciência das minhas emoções. Caso contrário, como serei capaz de compreender a emoção alheia? Talvez eu nem saiba que aquela emoção existe. A empatia prepara-me e habilita-me a construir relacionamentos mais eficazes.

Você já reparou como às vezes desprezamos a dor de alguém, dizendo que não passa de "frescura"? Quem nunca teve um animalzinho de estimação talvez considere um absurdo a tristeza que alguém demonstra sentir quando um gatinho seu morre, por exemplo. Mas, se essa pessoa já teve um animal de estimação e passou pelo sofrimento de perdê-lo, tenderá a compreender mais facilmente a dor do outro.

No entanto, nós somos maiores do que isso. Podemos desenvolver a capacidade de nos colocarmos hipoteticamente no lugar do outro e observar a situação a partir do seu ponto de vista. Eu não preciso ter sido reprovado no vestibular para entender o que sente alguém que está enfrentando essa situação. Com exercício interno, amor e boa vontade, eu posso por um momento me imaginar no lugar dessa pessoa, considerando sua realidade e seu modo de ser, e assim compreender melhor o tamanho do seu sofrimento.

E por fim, a última dimensão ensinada por Goleman são as habilidades sociais, a capacidade de interação eficaz com os outros, de lidar com equipes, mobilizar pessoas, comunicar ideias ao grupo, influenciar e liderar, entre outras.

O incrível trabalho de Daniel Goleman, com aplicações na vida social, no mundo corporativo e em diversas áreas do relacionamento humano, hoje muito enriquecido com as contribuições da neurociência, ainda aborda, ente outras coisas, a importância da capacidade de manter o foco. Segundo ele, a nossa capacidade de atenção determina o nível de competência com que realizamos determinada tarefa.

E se a sua tarefa, dentro da proposta deste livro, é se autoconhecer, eu pergunto: como anda a sua capacidade de atenção sobre as coisas que você sente, deseja e sonha?

Não estou falando em ser egocêntrico. Estou falando em ser gentil com você mesmo e se auto-observar. Que tal se dar mais oportunidades de se conhecer melhor para poder também contribuir de forma mais efetiva com este mundo que precisa tanto de boas e novas iniciativas? Você se considera forte o bastante para isso?

Eu tenho a força!...

Em meados dos anos 1980 e início dos anos 2000, quando alguns aqui estavam nascendo ou se preparando para nascer, havia um desenho animado na televisão que fazia muito sucesso com a garotada: He-Man. Nele, o filho mais velho do Rei Randor, o príncipe Adam, herdeiro do Trono do Reino de Etérnia, recebeu uma espada que lhe conferia poderes e forças extraordinárias toda vez que ele a erguia e gritava "Pelos Poderes de Grayskull! Eu tenho a força!", transformando-se em He-Man. Seu arqui-

-inimigo era o temível Esqueleto, que pretendia conquistar a fortaleza do Castelo de Grayskull, fonte dos poderes de He-Man, e com eles subjugar o mundo e o universo.

Hoje essa série animada é considerada *cult* e pode ser encontrada no Youtube e, eventualmente, até em alguns canais por assinatura.

Mas o que He-Man e sua espada têm a ver com o nosso assunto?

Foi a forma divertida que encontrei para abrir este tópico de nosso estudo sobre você, sobre mim, sobre todos nós, humanos.

Vamos falar sobre as nossas forças de caráter, uma das maiores sacadas de um dos principais autores e estudiosos da psicologia positiva, Martin Seligman, e do professor Christopher Peterson, que juntos escreveram o livro "Character Strengths and Virtues" (Forças de Caráter e Virtudes), publicado pela American Psychological Association (APA) em parceria com a Oxford University Press, sem edição em Português até o momento.

O trabalho desses dois grandes cientistas e pesquisadores tinha como objetivo inicial responder à seguinte pergunta: podemos ter esperança de que a Psicologia Positiva possa ajudar as pessoas a evoluir para o seu maior potencial?

Eles estavam preocupados com o avanço inadequado e insuficiente de uma estratégia conceitual e terapêutica que tentava resolver este problema focando apenas nos pontos fracos das pessoas. E começaram a pensar em uma proposta que se mostrasse mais efetiva e fosse baseada no reconhecimento dos seus pontos fortes e de suas aspirações.

Para que você entenda minha empolgação com o conceito e a proposta dessa classificação das nossas virtudes e forças de caráter, eu passei a utilizá-las primeiro em meu trabalho com crianças em situação de vulnerabilidade, depois com crianças em escolas "normais", mais tarde com jovens e, atualmente, eu as incluo até mesmo em meus treinamentos e *workshops* ministrados em empresas.

Entre crianças sem outro recurso senão sua vontade de viver e a ajuda de mãos voluntárias e amorosas, eu tive a gratificante emoção de ver seus olhinhos brilhando quando eu disse a elas que também possuíam "superpoderes", as suas forças de caráter! Forças como a esperança, a curiosidade e o amor ao aprendizado, características que muitas traziam consigo, mas sem a mínima noção de que eram verdadeiras forças.

Em uma escola para crianças e jovens de classe média, encontrei o mesmo sentimento e uma expressão de euforia quando essas e outras forças de caráter foram sendo reveladas em rodas de diálogo que permitiam a interatividade e ofereciam espaço às manifestações dos alunos, que prontamente passavam a identificar em si esta ou aquela virtude, esta ou aquela força de caráter.

E, mesmo entre os adultos, é como se um novo mapa mental começasse a ser desenhado ao mesmo tempo que percebem que são portadores de forças interiores talvez nunca consideradas ou valorizadas como tais.

Isso acontece porque, na sociedade que cultiva a ética da personalidade, como diria Stephen Covey na primeira parte do seu livro "Os 7 Hábitos das Pessoas Altamente Eficazes", as pessoas aprenderam a valorizar os bem vestidos, os mais rápidos, os mais ricos, os mais competitivos, os mais espertos, os "vencedores", os mais populares, os mais bonitos, os mais sedutores.

Mas, quando você vê uma pessoa chorando de emoção porque descobriu que sua integridade e sua capacidade de perdoar são consideradas forças de caráter e que essas e outras forças que elas trazem, se colocadas em ação, podem tornar-se uma fonte de gratificação e de maior bem-estar, todo o seu trabalho também passa a fazer mais sentido.

Seligman e Peterson empreenderam um gigantesco trabalho de pesquisa para identificar as forças e virtudes valorizadas em praticamente todas as culturas do mundo e chegaram a 24 forças de caráter, divididas em seis grupos de virtudes, e assim criaram o *Character Strengths and Virtues Handbook* (CSV) como contraponto ao *Diagnostic and Statistical Manual of Mental Disorders* (DSM), que em Português se chama "Manual Diagnóstico e Estatístico de Transtornos Mentais".

Se o DSM categoriza cientificamente os *deficits* e distúrbios humanos, o CSV classifica cientificamente as forças humanas positivas.

Então, vamos a elas!

No grupo da virtude **SABEDORIA** as Forças de Caráter são:

• **Criatividade:** se você tem essa força de caráter, gosta de pensar e inventar novas formas de fazer as coisas. Não se acomoda ao modo convencional de lidar com os problemas e sente prazer em ser original e assim contribuir de forma positiva em todas as situações.

• **Curiosidade:** se você é estimulado pela incerteza, está aberto às novas experiências, gosta de explorar e descobrir, pois considera todos os temas fascinantes.

• **Senso Crítico:** se você é capaz de pensar profundamente acerca das coisas, considerando-as a partir de várias perspectivas, aplicando pensamento crítico e critério. Age com ponderação e toma decisões bem fundamentadas. Se preciso, é capaz de mudar de opinião.

• **Amor ao Aprendizado:** se você gosta de aprender coisas novas. Tem prazer em atividades como treinamentos, aulas, visita a museus, e iniciativas de caráter autodidata. Em toda situação vê uma oportunidade para aprender.

• **Perspectiva:** se você tem a capacidade de avaliar as situações com sabedoria, conseguindo colocá-las em perspectiva, analisando-as com base em seu conhecimento e em sua experiência, conferindo sentido a elas. É constantemente consultado por pessoas em busca de orientação e conselhos.

No grupo da virtude da **CORAGEM** as Forças de Caráter são:

• **Bravura:** se você tem essa força, supera o medo natural e enfrenta desafios, dificuldades, dores e ameaças com valentia. Toma posicionamentos firmes, mesmo se impopulares, defendendo suas convicções e agindo de acordo com elas, por mais assustadora que seja a situação.

• **Perseverança:** se você é persistente e esforça-se para terminar aquilo que começa, mantendo o foco e evitando distrações. Encontra satisfação em finalizar as tarefas, conduzindo-as com bom humor, adotando postura flexível e realista, não se apegando ao perfeccionismo.

• **Entusiasmo:** se você considera a vida uma aventura, age com entusiasmo e vitalidade, inspirando e influenciando as pessoas em volta pelo ânimo com que realiza seus projetos e tarefas, por mais simples que sejam. Atinge um estado de vitalidade ainda maior quando pode ser autêntico e íntegro no que faz.

• **Integridade:** se você é uma pessoa honesta, fala a verdade para si mesmo e para os outros, vive a sua vida de forma genuína e autêntica. Assume a responsabilidade pelos seus sentimentos e ações.

No grupo da virtude da **HUMANIDADE** as Forças de Caráter são:

• **Amorosidade:** se você é capaz de valorizar os relacionamentos, especialmente aqueles em que os sentimentos de cuidado e de afeto são recíprocos. Mantém fortes relações de amizade e vínculos emocionais consistentes, apoiados no suporte, no consolo e na aceitação mútua.

• **Generosidade:** se você é altruísta e está sempre disposto a ajudar, fazendo-o voluntariamente, em detrimento dos próprios interesses. Cuida, protege e ajuda as pessoas, mesmo aquelas com quem não possui vínculos mais estreitos.

• **Empatia:** se você é capaz de ler as expressões de comunicação não verbal dos outros, tem consciência das motivações e sentimentos das outras pessoas. Sabe como lidar e transitar entre elas para deixá-las à vontade, adaptando-se com facilidade às diferentes situações.

No grupo da virtude da **JUSTIÇA** as Forças de Caráter são:

• **Espírito de Equipe:** se você costuma agir com grande noção de cidadania, responsabilidade social e dever. Tem grande facilidade para trabalhar em grupo, é dedicado, leal, agrega valor ao time, respeita a autoridade e busca o bem comum acima de tudo.

• **Imparcialidade:** se você é uma daquelas pessoas que trata a todos com equidade, agindo com justiça e deixando de lado seus sentimentos e interesses pessoais. Baseia-se em princípios morais elevados, sem preconceitos, oferecendo oportunidade a todos.

• **Liderança:** se você é capaz de inspirar e encorajar as pessoas a realizarem projetos e atividades juntos, organizando as atividades e administrando eficazmente os relacionamentos entre as pessoas do time, fazendo com que todas se sintam importantes e incluídas.

No grupo da virtude da **TEMPERANÇA** as Forças de Caráter são:

• **Perdão:** se você é capaz de oferecer uma segunda chance às pessoas. Age com misericórdia e não por vingança. Exercita a compaixão e a indulgência.

• **Humildade:** se você não se considera melhor do que os demais nem procura ser o centro das atenções, deixando que suas realizações falem por si. Não depende de reconhecimentos e elogios ostensivos, cultiva a modéstia e é reconhecido por essa qualidade.

• **Autocontrole:** se você é capaz de controlar os próprios desejos, impulsos e emoções, não se deixando dominar por eles. Consegue perceber suas próprias emoções, administrando-as de forma consciente e intencional. Dessa forma, consegue manter-se firme na condução de seus projetos e objetivos.

• **Prudência:** se você é cuidadoso, cauteloso e não age por impulso. Pensa antes de falar e agir para não se arrepender depois. Faz escolhas prudentes e conscientes.

E no grupo da virtude da **TRANSCENDÊNCIA** as Forças de Caráter são:

• **Apreciação da Beleza e da Excelência:** se você é capaz de observar e apreciar o belo e a excelência em todas as áreas da vida. Reverencia e admira a vida em suas expressões de beleza, harmonia e grandeza, na natureza, nas ideias, nas artes, nas ciências.

• **Gratidão:** se você tem consciência das coisas boas que acontecem consigo e é grato por elas. Expressa sua gratidão a familiares, colegas, amigos e a todas as pessoas do seu relacionamento. Considera a vida uma dádiva.

• **Esperança:** se você mantém uma visão positiva quanto ao futuro e trabalha para que as coisas boas realmente aconteçam. Essa automotivação acaba refletindo-se no resultado de suas ações.

• **Bom Humor:** se você é daquelas pessoas que tenta ver o lado positivo de todas as situações. Gosta de rir e fazer as outras pessoas sorrirem. Costuma adotar uma forma mais leve e divertida de encarar as situações.

• **Espiritualidade:** se você cultiva crenças fortes e coerentes sobre o propósito maior e o significado do universo, que se transformam em ações e se tornam fonte de conforto e equilíbrio para si e para os outros. Sabe seu lugar dentro de uma concepção filosófica mais abrangente da vida e do cosmos.

Quantas dessas forças o jovem Tobias precisou colocar em ação para atravessar o período turbulento e incerto dos seguidos vestibulares sem sucesso? Que forças permitiram que ele fosse capaz de compreender que conseguiria realizar seu propósito de vida - que era aliviar o sofrimento das pessoas e ajudá-las no que fosse possível -, não mais como havia sonhado, mas através de outra atividade que ele precisou descobrir enquanto lutava por seus objetivos? Quais delas o tornaram capaz de sentir-se feliz, apesar das contrariedades, como eu mesmo pude testemunhar muitas vezes?

E você? Conseguiu identificar as suas forças? Já sabe como colocá-las em ação? E se eu disser que você tem todas elas? Assim como nos tópicos anteriores, estamos falando de dimensões inerentes a todos os seres humanos. E, mais uma vez, o que nos diferencia é que cada um de nós tem cada uma dessas forças em diferentes níveis de desenvolvimento.

Mas, se você está em dúvida sobre ter ou não esta ou aquela força desenvolvida, a Psicologia Positiva oferece alguns parâmetros para você poder avaliar. Se você realmente tem determinada força, estes elementos estarão presentes:

- **Este sou eu:** aquela força "é a sua cara", retrata fortemente seu jeito de ser e de agir. Pode ser observada em várias situações e não apenas em uma ocorrência isolada.

- **Excitação, satisfação e prazer:** é o que você sente quando está utilizando aquela força.

- **Facilidade de aprendizado e alta eficiência:** você aprende rápido, apreende sem dificuldade todos os aspectos que envolvem aquela força e consegue obter bons resultados com ela.

- **É algo irresistível:** você sente que é praticamente inevitável usar aquela força. Quando percebe, já está usando-a.

- **Energização:** utilizar sua força de caráter revigora você e compensa qualquer cansaço.

Na segunda parte do seu livro "Felicidade Autêntica", no capítulo 8, Martin Seligman propõe um teste rápido para você avaliar sua pontuação em cada força de caráter, mas existe um outro caminho que eu informarei no final deste capítulo.

Antes, por favor, levante a mão quem entendeu que somos muito mais do que um rostinho feio ou bonito. Que nesse processo nosso desafio é aprender a exercer a liberdade de cultivar a nossa singularidade, observando, conhecendo e exercitando nossos perfis psicológicos, nossas múltiplas inteligências, nossas virtudes e forças de caráter, em níveis equalizados de múltiplas e praticamente infinitas combinações. E que nossa chance de sermos felizes aumenta consideravelmente quando nos conhecemos, investimos no desenvolvimento de nossas potencialidades e aplicamos nossos talentos para agir no mundo sendo coerentes com o que somos e o que valorizamos.

Por isso mesmo, em homenagem ao bom e velho He-Man, para que possamos vencer nossos "Esqueletos" particulares - aqueles que pretendem minar nossa autoestima e invadir nosso castelo de crenças e forças interiores - agora erga a espada da autoconsciência e grite bem alto comigo: "Pelos poderes do ser que sou, eu tenho as forças!"

E, se você quiser fazer gratuitamente o teste disponibilizado pelo VIA Institute On Character, acesse o site pelo QR Code abaixo, escolha o idioma, informe seu *email* e responda às perguntas do teste *online*. Você receberá um relatório que comentará e ordenará suas 24 forças de caráter por ordem de intensidade (da mais forte para a menos presente).

4

BUSQUE PACIENTEMENTE IDENTIFICAR O SEU PROPÓSITO

Ela amanheceu sob edredons, com as bochechas rosadas, apesar da eficiência do aquecedor no quarto. Desejou dormir mais um pouco. Sabia que teria de enfrentar a neve outra vez e nem se havia recuperado totalmente do último tombo em via pública. Gostava do frio, mas naquela manhã sentiu saudade da brisa quente e salgada que soprava nas primeiras horas do dia em sua cidade natal. Mais do que isso, sentiu uma falta dolorida dos dias em que acordava com o cheiro de café e encontrava a mesa posta, torradas de pão integral com queijo branco, uma fatia de mamão e a xícara de chá aguardando apenas que derramasse a água quente sobre o saquinho de papel e alguns cubinhos de gengibre.

Mais intensas ainda eram as saudades que sentia de sua mãe. Havia uma ligação muito forte entre elas. Era algo visceral, espiritual, acima da média. A troca de olhares, a sintonia emocional, os bate-papos, as risadas, as perguntas, alguns pequenos desentendimentos e, sobretudo, aquela sensação de pertencimento que ela só sentia naquele nível quando estavam juntas.

Fernanda quis ficar triste, mas serviu-se de seu viés pragmático para espantar a nuvem de melancolia, de olho no relógio e nas roupas que havia previamente separado para aquele dia.

No caminho do trabalho, o nariz vermelho era a única coisa que se destacava da armadura composta por gorro, cachecol, luvas, gola alta e seus cabelos lisos displicentemente jogados sobre o rosto. Já não brincava mais com a "fumacinha" que saía de sua boca ao respirar. Já não estranhava os diálogos à sua volta num idioma que não era o seu, mas que ela já dominava perfeitamente. Afinal, já se haviam passado quatro anos.

Naquela manhã sentiu-se velha. Logo teria 30 anos, pensava. Começou a lembrar-se do tempo de escola no Brasil. Desde cedo ela escrevia muito bem. Gostava de escrever e quando se debruçava sobre o caderno esquecia tudo ao seu redor, não sentia o tempo passar, não se lembrava da fome, entrava em outra dimensão.

Queria ser escritora e cursar jornalismo. Cultivou esse sonho por anos. Imaginou tantas vezes seus artigos veiculados em grandes revistas, jornais, livros, noites de autógrafo regadas a vinho e cercada de amigos.

Veio a formatura do ensino médio, depois o cursinho e a maratona de vestibulares. Ela nem lembra o porquê, ou prefere esquecer para não culpar ninguém nem se cobrar tardiamente, mas o fato é que acabou indo para o curso de Direito, aparentemente uma carreira mais promissora. Era consenso entre seus familiares que ela "daria" uma excelente advogada.

Formou-se com louvor. Passou no exame da Ordem dos Advogados na segunda tentativa, para alegria de seus pais! Mas, ela sempre quis ser escritora. E o desejo ficaria apenas adormecido.

No meio do curso, um estágio no jurídico de uma multinacional. Sua dedicação e competência não poderiam ter resultado diferente: acabou sendo efetivada. Carteira assinada e todos os benefícios decorrentes. Não chegou a ser advogada da empresa, porém, era evidentemente apenas uma questão de tempo.

Contudo, Fernanda ainda queria ser escritora. Tentou então conciliar as coisas. Criou um blog, produziu alguns textos, mas não era só isso. Não estava feliz. Além de todos os desafios emocionais próprios dessa fase da vida, apesar do aparente sucesso profissional, ela não encontrava sentido em seu trabalho, não se realizava, não estava presente de verdade – sua alma pedia outra coisa – e ela nem saberia dizer exatamente o quê.

Abandonar aquilo tudo e partir para a Europa havia-lhe custado muitas noites de sono, inúmeras lágrimas, algumas crises de ansiedade e um bocado de coragem.

Seus pais haviam investido alto na sua formação e tinha consciência disso. Não foi nada fácil tomar aquela decisão. Não pretendia que as outras pessoas entendessem, mas foi um alívio enorme perceber que aqueles que ela mais amava ofereceriam apoio incondicional, apesar das incertezas, da distância e do medo. Medo de que ela se arrependesse. Medo de que não fosse a escolha certa. Medo de que não se alimentasse bem, ficasse deprimida, passasse frio, não se adaptasse, sofresse um atentado e essas coisas trágicas que pai e mãe sempre pensam.

De repente, por uma dessas associações acrobáticas que o cérebro faz, ao contemplar o branco da neve lembrou-se do cheiro e do gosto da tapioca. Ahh... Essas iguarias não se encontram facilmente no Reino Unido. Voltou às tardes aconchegantes de sábado ao lado da família. Sentiu um calorzinho no peito como se recebesse uma descarga de profundo amor vindo de tão longe e ao mesmo tempo de tão perto.

Ela não se havia arrependido. Ela se adaptou, conquistou seu espaço – ao menos o suficiente para se manter e desfrutar de relativa autonomia. Estava aprendendo muitas coisas sobre si mesma e sobre a vida. Ela agora escrevia mais amiúde. Tinha um blog mais consistente. Ensaiava textos mais rebuscados. Para falar a verdade, escrevia cada vez melhor.

Se vai tornar-se uma escritora profissional ainda não se sabe. Se vai voltar a trabalhar na área jurídica ninguém pode prever. Sua alma continua ansiando por algo que ela ainda não definiu exatamente o que é. Hoje entende que está em busca de si mesma. O preço afetivo é alto e o caminho é povoado de incertezas.

Muitas perguntas e poucas respostas. Será que tudo isso faz algum sentido?

Qual é o seu propósito? Você já pensou seriamente no assunto?

Este é um dos temas que mais aparece nas entrevistas, pesquisas e rodas de diálogos realizadas com o público jovem. É maravilhoso que assim seja, pois todos os estudos da Psicologia Positiva e de outras áreas do conhecimento humano apontam o propósito como uma das principais fontes de sentido, e o sentido como um dos pilares do bem-estar subjetivo.

Porém, há muita confusão sobre o que seja propósito. Para alguns a ideia de propósito confunde-se com a própria felicidade. Meu propósito é ser feliz, deveria ser o seu *slogan*. Para outros, encontrar o propósito exige um caminho exotérico em países exóticos e períodos de isolamento da civilização. Confundimos propósito com metas, por exemplo – algo que desejamos conquistar. Confundimos propósito com vocação – aqui entendida como uma tendência ou habilidade que nos leva a exercer uma determinada carreira ou profissão. Confundimos propósito com a atividade em si – aquilo que fazemos bem, geralmente associado à prática profissional, como dirigir bem, escrever bem, desenhar bem, negociar bem etc.

E, de fato, são muito sutis as diferenças entre uma coisa e outra, pois elas se confundem e se interpenetram, alimentando-se reciprocamente, como veremos.

Creio que podemos entender melhor a questão começando por fazer a distinção entre talentos e propósito. Quando falamos em talento, estamos falando de nossos pontos fortes, nossas forças de caráter, nossas virtudes, nossas inteligências, nossas competências pessoais, nossas habilidades para lidar melhor com esta ou aquela situação, de acordo com nosso perfil psicológico, como vimos no capítulo anterior. Quando falamos em propósito estamos falando em aplicar esses talentos em algo muito maior do que apenas um emprego que nos faça feliz. Estamos falando em aplicá-los em prol de uma causa maior do que nós mesmos.

A jovem jornalista americana Emily Esfahani Smith, autora do livro "O Poder do Sentido", resume essa questão de maneira muito clara e objetiva em sua palestra TED: "Propósito tem mais a ver com o que damos do que com o que queremos" (eu acho essa frase magnífica).

O propósito é algo tão poderoso que não se resume a nos oferecer sentido. Por ele nós nos colocamos em movimento na construção de uma vida significativa. Lutar pelo nosso propósito nos proporciona emoções positivas, nos oferece oportunidades de engajamento e de pertencimento, ampliando nossos relacionamentos positivos. Esse bom combate nos leva a construir um legado, o que nos confere um sentido de realização muito grande. Em suma, o propósito potencializa todos os outros pilares da felicidade, hoje amplamente explorados pelos estudiosos da Psicologia Positiva. A felicidade então não é o propósito em si, mas uma consequência da vida iluminada por um senso de propósito.

E, de fato, está cientificamente comprovado que as pessoas com um forte senso de propósito na vida se sentem mais realizadas, fazem escolhas mais coerentes, são mais resilientes, desfrutam de maior autoestima, tendem a ser mais saudáveis, são menos inclinadas ao uso de drogas, à depressão e ao suicídio. O propósito alimenta fortemente a automotivação, o foco e a determinação, que acabam, por tabela, favorecendo o sucesso. Enfim, é um ingrediente fundamental para o florescimento humano.

MUITA CALMA NESTA HORA

Palestrantes, escritores, gurus, *coachs,* apresentadores de programas de TV e *youtubers* – todos falam de propósito de vida. Mas é preciso saber separar o joio do trigo para não se deixar levar por aqueles que estão atrás apenas de audiência e *leads*. Esse é um daqueles temas que não dá para esgotar em três minutos de vídeo ou dez minutos de uma entrevista superficial que corre contra o tempo.

Na atualidade esse assunto realmente vende. É algo sobre o que a geração dos meus avós e de meus pais, no geral, quase não pensaram. Propósito e sentido da vida para eles eram conceitos pálidos, algo mais pragmático ligado à luta pelo seu sustento, à manutenção do emprego, à criação dos filhos. Era mais comum que só viessem a pensar de forma mais transcendente sobre propósito na maturidade, ou na velhice mesmo, geralmente com os olhos no passado. Porém, com as novas gerações é diferente. E é natural que assim seja.

Como nos ensinou Maslow, o psicólogo humanista americano, criador da teoria sobre a hierarquia de necessidades humanas, representada em sua famosa pirâmide, não há como pensarmos satisfatoriamente sobre autorrealização e transcendência quando nem conseguimos suprir nossas necessidades mais básicas: necessidades fisiológicas, de segurança, de amor e pertencimento ou de estima, por exemplo.

Se você ainda não conhece a Pirâmide de Maslow, eis aqui sua versão estendida, que nos ajudará a entender de forma mais visual a ideia que estamos explorando. Só conseguimos subir para o próximo degrau da pirâmide quando as necessidades básicas do degrau em que estamos estão atendidas, ainda que parcialmente. Observe e medite sobre ela, pois nós recorreremos à Pirâmide de Maslow em vários momentos.

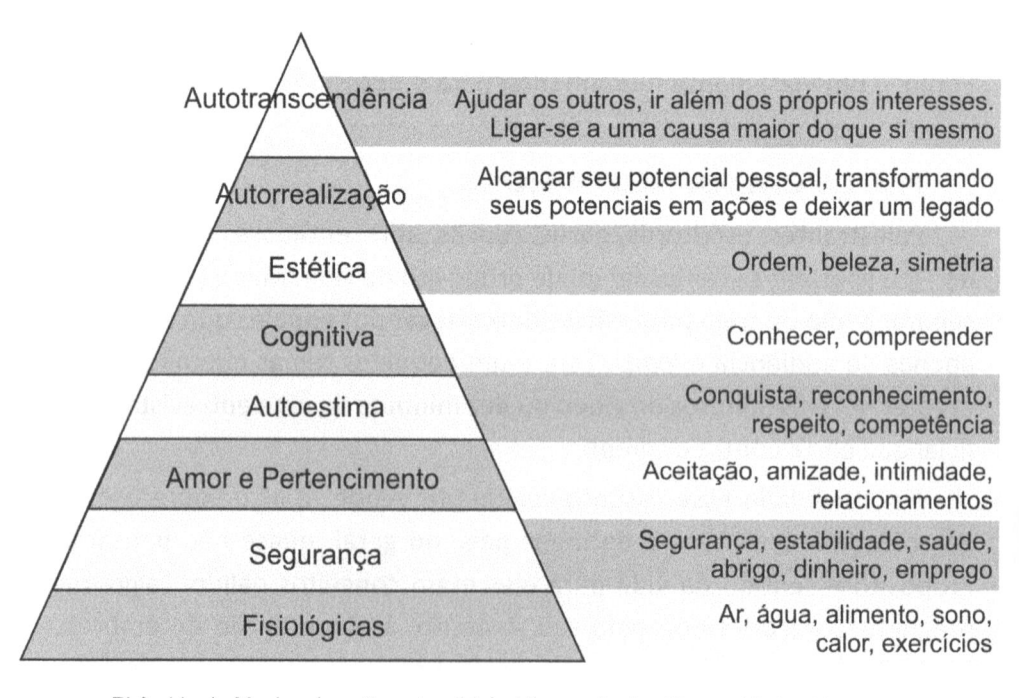

Autotranscendência	Ajudar os outros, ir além dos próprios interesses. Ligar-se a uma causa maior do que si mesmo
Autorrealização	Alcançar seu potencial pessoal, transformando seus potenciais em ações e deixar um legado
Estética	Ordem, beleza, simetria
Cognitiva	Conhecer, compreender
Autoestima	Conquista, reconhecimento, respeito, competência
Amor e Pertencimento	Aceitação, amizade, intimidade, relacionamentos
Segurança	Segurança, estabilidade, saúde, abrigo, dinheiro, emprego
Fisiológicas	Ar, água, alimento, sono, calor, exercícios

Pirâmide de Maslow (versão estendida) - Hierarquia das Necessidades Humanas

As gerações que antecederam a minha gastaram grande parte de seu tempo e da sua energia para sobreviver e cuidar da família nos níveis inferiores da pirâmide. Mas a geração dos meus filhos e as que se sucederam desde então trazem a realização pessoal, o sentido e o propósito como fortes componentes da sua inquietação desde cedo.

Que bom! Isso denota que estamos avançando na espiral evolutiva de valores, porém, não podemos tratar do assunto levianamente, muito menos quando estamos falando com jovens.

Quando leio as coisas que amigos e alunos me escrevem sobre encontrar seu propósito e descobrir o sentido da sua vida ou quando converso pessoalmente sobre o tema e percebo a ansiedade que todo seu corpo denuncia, tendo a acreditar que estamos de alguma forma falhando com eles, pois a ideia da vida com propósito deveria trazer esperança e ampliar perspectivas e não aumentar seu nível de angústia, como já fazemos com a cobrança precoce e exacerbada sobre definição de carreira, por exemplo.

O CAMINHO SE FAZ AO CAMINHAR

Convencidos de que sua vida só fará sentido a partir do momento em que conseguirem definir seu propósito de vida, muitos jovens se angustiam e pedem quase em súplica que nós lhes indiquemos o caminho. E, assim, se tornam presas fáceis de vendedores de soluções rápidas. Há treinamentos que prometem fazer você descobrir seu propósito de vida em dois ou três dias (alguns, até em poucas horas...). Não vou afirmar que seja impossível, mas tenho plena convicção de que é muito improvável.

Acredito mais em eventos que provocam reflexões, sugerem bibliografias, estudam biografias, ensinam exercícios de meditação, práticas de auto-observação e oferecem elementos para que você leve como lição de casa o cultivo permanente do autoconhecimento que, por consequência natural, ajudará você a entrar em contato com o seu propósito de vida.

E se você me encontrar no corredor e perguntar qual é o caminho? Eu lhe afirmarei, como diria o poeta espanhol, Antonio Machado: "Caminhante, não há caminho. O caminho se faz ao caminhar".

Sim, há caminhos já percorridos por outras pessoas. Há trilhas já identificadas pelos estudos da ciência, da filosofia e das religiões, mas, quanto às particularidades, seu caminho será tão único quanto você é uma pessoa única, e só se fará à medida que você caminhar. Esse é o ponto!

Chegamos até aqui estudando muitos aspectos da nossa singularidade. Falamos sobre como cada um de nós é maravilhosamente único. Portanto, não faria o menor sentido indicar um caminho único, padronizado e engessado de como encontrar sentido e viver segundo seu propósito.

Quer encontrar seu propósito? Então não se desespere! Divirta-se e aprenda com os desafios. Curta o caminho – o seu caminho, do seu jeito, no seu ritmo.

Sua vida não pode simplesmente travar porque você não conseguiu definir seu propósito de vida. Acredite: esse é um trabalho sem prazo definido. Para a maioria de nós é um trabalho para a vida inteira. Muitos jovens sonham com um emprego, uma empresa, colegas e lugares perfeitamente aderentes ao seu propósito – propósito que mal definiram ou que apenas idealizam de forma teórica – e como o mundo real não apresenta aquilo que eles imaginaram, então se fecham, se tornam amargos, se isolam.

Não! Por favor, não! A vida não acontece assim de forma linear. Procure o melhor, mas comece com o que é possível. Experimente, tente, permita-se, arrisque-se. Aumente seu repertório de saberes, amplie suas conexões neurais, conheça mais pessoas e outros pontos de vista, teste suas habilidades, aprenda habilidades novas, enfrente desafios, observe-se.

Nada de achar que sua vida é "menor" só porque outros jovens da sua idade parecem tão bem resolvidos nesse campo. Não se compare. Não acredite que o céu se abrirá para revelar seu propósito com a voz de um trovão. A gente vai descobrindo o propósito aos poucos e ele pode mudar conforme a gente também muda. Além disso, descobrir nosso propósito dá trabalho, leva tempo, é um processo que amadurece com a gente.

Não crie expectativas românticas. Quando dizemos que o propósito confere sentido à nossa vida e que o sentido é um dos pilares da felicidade, não queremos dizer que ao encontrar seu propósito você será, finalmente, feliz. Essa é uma ideia potencialmente perigosa se você entender felicidade como ausência de problemas. Pessoas com propósito também têm momentos difíceis, horas amargas, desilusões, frustrações e dificuldades diversas. Que fique bem claro!

SEUS VALORES E O QUE INSPIRA VOCÊ

Como você já percebeu, o ponto de partida é o cultivo do autoconhecimento. Você não vai estar satisfeito em lugar algum, faça o que fizer, esteja com quem estiver, se não for coerente com aquilo que você é, com aquilo que você acredita e com seus valores. E você não conseguirá ser coerente com o que você é se não souber quem você é, se não tiver consciência de si mesmo. E mais: você não terá consciência de si mesmo se não exercitar a presença e a conexão com você mesmo.

Sobre seus talentos já temos conversado. Comece perguntando a você mesmo: o que eu faço muito bem de forma recorrente? O que eu gosto muito de fazer? O que me faz perder a noção do tempo e até me esquecer da fome quando estou fazendo? Pelo que as pessoas costumam me elogiar? Na raiz dessas atividades estão seus pontos fortes e seus talentos.

Sobre seus valores pergunte: o que me inspira? O que normalmente me faz agir? O que me move? Pelo que estou disposto a lutar? Que valores regem as minhas decisões? Reflita sobre as pessoas que você admira muito. Se você admira uma delas porque ela está sempre disposta a contribuir positivamente, então o espírito colaborativo é um valor para você. Pense naquelas que você despreza. Se você tem esse sentimento negativo por alguém porque ele é uma pessoa em quem não se pode confiar, então a lealdade e a confiança são valores importantes para você.

Onde estão seus interesses? Pelo que você realmente se interessa?

São respostas que você obterá observando-se e refletindo sobre elas. Para isso é preciso desconectar-se, ao menos de vez em quando, dos estímulos externos. As ferramentas de análise de perfil, como a que sugerimos no capítulo anterior, ajudam bastante. Mesmo as ferramentas gratuitas que você encontra na *internet,* embora não tão completas, podem ajudar você a ter alguns *insights.*

Ver filmes, ler livros, conhecer a vida de outras pessoas, principalmente daquelas com quem você se identifica, também pode ajudar. Mas atenção: sempre para se inspirar, nunca para se comparar.

Quando estiver pensando mais especificamente em seu propósito de vida, lembre de não confundir propósito com vocação ou com determinada atividade. Isso é muito importante!

Eu adoraria sentar-me ao lado da nossa amiga Fernanda, num voo curto entre Londres e Amsterdã, e poder conversar sobre tudo isso com ela, ainda que por apenas meia hora. Eu adoro conversar com pessoas que estão em busca de si mesmas e do seu propósito. Elas costumam ser fascinantes quando começam a compreender que esta é uma das mais espetaculares jornadas que o ser humano pode empreender. Quem sabe nós tivéssemos uma conversa mais ou menos assim:

- Você sente que muita coisa mudou em você depois desses anos longe de casa? – eu perguntaria.

- Sim. Me sinto mais segura e muito mais madura. Na verdade, apesar das saudades, sinto que minha casa agora é aqui.

- E quanto aos seus planos? Você tem um propósito definido?

- Bem, eu continuo querendo escrever – responderia ela com uma pontinha de tensão, pois seu nível de cobrança interna é muito alto.

- Então é isso o que você realmente quer, Fernanda? É o que quer?

- É. Eu quero ser escritora. É o que sempre quis fazer. É o que faço de melhor. Sinto que este é meu propósito de vida.

- Entendo – diria eu. Mas, para que você quer ser escritora? Para que você deseja escrever?

E só então, se ainda houvesse tempo, ela talvez conseguisse falar-me de seu propósito. Digo talvez porque não é fácil. Quando passamos a raciocinar sobre o propósito, às vezes não conseguimos atingir o âmago da questão. Demanda muitas horas de voo, ops... de reflexão. Escrever bem é um grande talento da Fernanda. Ser escritora é sua vocação. Mas seu propósito só estará em vias de ser definido ao responder a última pergunta: "Para que quero colocar este meu talento e esta minha vocação em ação?"

ACIONE A MENTE INTUITIVA

O trabalho de identificação do nosso propósito nem sempre consegue ser realizado apenas com os recursos da mente racional. Muito ao contrário!... A mente racional costuma complicar as coisas ao aplicar o raciocínio linear e cartesiano em questões complexas, holísticas e de alto teor intuitivo. Por se tratar de algo transcendente, precisamos acionar os recursos da mente intuitiva.

A mente racional está muito identificada com as expressões do Ego e o Ego está extremamente identificado com as manifestações da nossa personagem, com o nosso sobrenome, com a nossa posição social, com os títulos e medalhas que já recebemos, com a pessoa que nós acreditamos ser. O Ego julga o tempo todo, é possessivo e acredita que tudo gira em torno dele. Ele é barulhento e muitas vezes nos mete em confusão.

Quando você dá vexame naquele ataque de ciúmes ou quando toma a atitude infeliz de maltratar o porteiro porque ele demorou a abrir o portão, é o Ego que está gritando. Nessas horas, dar ouvidos ao Ego pode complicar a sua vida.

Ele até nos ajuda a lidar com o mundo tridimensional, com as coisas práticas e com os inevitáveis jogos sociais. Mas o Ego não costuma ser bom conselheiro, pois adora drama, curte uma fofoca e tende a não se responsabilizar pelo próprio destino.

Não é no Ego que você vai encontrar os recursos internos que eu mencionei no capítulo anterior. E esse tem sido um dos nossos grandes equívocos: para enfrentar os desafios de uma vida complexa como a nossa, estamos buscando no Ego recursos que o Ego não tem.

Esses recursos nós encontraremos em nossa porção mais essencial, que aqui passaremos a chamar apenas de Self. É nessa porção mais "interna" de cada um de nós que está nossa fonte de sabedoria, de criatividade, de compaixão, de destemor, de inspiração, de capacidade de autotranscendência, ou seja, de superar condicionamentos biológicos, sociais e culturais – quase sempre fechados - e conseguir ver a vida de um ângulo mais holístico.

Se você está lendo este livro e se chegou até aqui é porque provavelmente é uma daquelas pessoas que deseja encontrar seu propósito e participar da criação de um mundo melhor, mais justo, mais equilibrado, mais cooperativo, onde haja oportunidades para todos e mais investimento no desenvolvimento do florescimento humano.

Ora, se você se guiar na vida apenas pelo Ego, você fatalmente agirá de forma egoísta, corporativa, fisiologista, defendendo apenas seus interesses, com uma visão de mundo restrita ao seu modo de ver, movido pelo paradigma da escassez e cuidando de levar vantagem em todas as situações, independentemente do que isso possa causar ao bem comum. Preste atenção e verá que este é exatamente o modo de agir dos nossos políticos mais corruptos, por exemplo.

Se você seguir pela vida orientando-se apenas pelo Ego, vai cuidar mais das aparências do que da essência, mais do ter do que do ser, mais do *status* do que da verdadeira sabedoria. Enfim, você não vai mudar nada neste mundo e vai se render aos jogos de poder, aos mecanismos econômicos vigentes, às formas de obter mais com menos em detrimento de outros valores mais humanos, buscando o lucro a qualquer preço. Muito provavelmente, você alimentará um sistema que agride pessoas e o meio ambiente. Se você parar para pensar, verá que esta é a forma de atuação das empresas que mais jogam sujo em nosso planeta.

Como dizia meu professor de Inteligência Espiritual, o Ego pode ser muito útil nas situações mais práticas da vida, mas ele deve ser colocado no banco do copiloto. Ele pode ajudar a interpretar os mapas, a lidar com questões mais práticas, disparar alertas, mas quem deve estar no banco do piloto é o Self.

SELF, O CONSELHEIRO SILENCIOSO

E por que é tão difícil para nós ouvirmos nossa porção mais luminosa? É simples: porque o Self é discreto e silencioso. Para ouvi-lo precisamos calar os gritos do Ego. E isso não é nada fácil justamente porque, como já dissemos, nós nos acostumamos a estar o tempo todo conectados ao externo (lembrem que o Ego é nossa porção mais externa também) e nossa sociedade está construída sobre pilares erguidos por *mindsets* (modelos mentais) ditados pelo Ego das pessoas, das organizações e das coletividades.

De alguma forma, o paradigma egoísta interessa ao mercado de consumo. Compre, ou não vai sobrar para você. Compre muitos, pois pode ser que amanhã não tenha. Compre o seu, compartilhar é sinal de pouco poder aquisitivo – cada um deve ter o seu. Compre logo, seja o primeiro, só os vencedores terão esse produto etc.

Mas, deixemos essa abordagem mais social para alguns capítulos adiante. Por ora, é importante apenas que você perceba que nosso modelo de sociedade reflete e retroalimenta o Ego.

Voltando à questão pessoal, vejamos alguns exemplos.

Exemplo 1: você está em sua primeira semana de estágio e um empregado da empresa resolve fazer uma piadinha infeliz sobre o seu corte de cabelo. Sua porção Ego vai dar o alarme imediatamente: "Esse idiota está zombando da sua cara – você não pode admitir isso, tem que dar uma resposta à altura e calar a boca desse cretino..."

Exemplo 2: você pensou em ter uma tarde gostosa com seu namorado e quando ele chega você percebe que ele voltou a usar uma pulseira de couro que a ex-namorada havia-lhe dado de presente. Seu lado Ego vai gritar em sua mente: "Olha que absurdo! Vai ver que ele ainda gosta dela ou está querendo te provocar ciúmes de propósito. Você não vê que ele está te desrespeitando?"

Exemplo 3: você está dirigindo e alguém lhe dá uma fechada no trânsito. Além do susto, o Ego se utiliza do "egofone" (invenção minha!) para dizer: "Você vai deixar isso assim? Vai atrás dele e vamos mostrar que ele não pode sair por aí dirigindo desse jeito. Ele te passou pra trás e ainda fez você perder o sinal verde! Maldito!"

Enfim, acho que você já entendeu. Uma pessoa treinada em ouvir seu Self saberia colocá-lo no comando da situação (no banco do piloto, portanto) e dizer: "Ok, Ego, eu já entendi que você identificou uma ameaça e está me avisando para tentar proteger-me. Eu agradeço. Mas, agora deixe que eu cuido disso".

Conheço quem perdeu o emprego e fez inimigos por reagir impulsivamente a uma provocação infantil. Conheço quem arruinou um ou vários relacionamentos por são saber administrar seu ciúme ou sua possessividade. E sei de casos reais em que, ao perseguirem um carro que havia fechado o seu no trânsito, pessoas se envolveram em acidentes, ferindo inclusive crianças que estavam no banco de trás.

E que respostas as pessoas mais centradas dariam nesses três exemplos? Eu não sei, mas o que sei é que seriam respostas mais sábias e menos impulsivas.

CONECTANDO-ME À FONTE

Eu disse "pessoa treinada em ouvir seu Self". Então, é possível treinar a conexão com nosso lado mais essencial, silenciando o Ego? Eu posso treinar esse tipo de coisa?

Pode e deve! No mundo VUCA em que vivemos, essa é uma das condições para manter o equilíbrio.

No fundo, conectar-se ao Self é ao mesmo tempo causa e consequência do processo de autoconhecimento. É também o meio pelo qual realizamos o trabalho de identificação do nosso propósito de vida e pelo qual encontramos sentido naquilo que fazemos.

Na sociedade ocidental esse é um exercício de contracultura, ou seja, vai na direção oposta aos hábitos e conceitos vigentes. Mas já existe todo um movimento para mudar essa realidade. Há muita gente boa, inclusive cientistas, alertando para a necessidade de nos colocarmos em contato com nosso mundo interior. Práticas meditativas e contemplativas, antes tratadas como algo inerente ao ambiente místico e religioso, hoje são estudadas por psicólogos, médicos, pesquisadores, neurocientistas, terapeutas, gurus da administração, até mesmo nos mais famosos centros universitários e científicos do mundo.

Antes de mais nada, meu desejo era fazer você entender porque é tão importante que a gente aprenda a acionar o Self. Porque é tão urgente que a gente expanda a consciência e compreenda que muitas vezes estamos sendo guiados cegamente pelo Ego, vivendo a vida no piloto automático, seguindo a manada, apenas reagindo a estímulos externos, excessivamente plugados ao que acontece na mídia, nas redes, no mercado, mas tão ignorantes quanto ao que acontece dentro de nós, sobre quem somos de fato, sobre o que queremos de verdade.

Queria que você entendesse que nos guiarmos tão frequentemente pelo Ego vem afetando nossos relacionamentos e pode afetar também a vida do nosso planeta. Uma batalha de Egos pode, por exemplo, fazer com que um dos dirigentes de duas superpotências militares em conflito faça o primeiro movimento que poderá desencadear uma guerra de proporções inimagináveis. E nós não queremos isso!

Então, precisamos aprender a criar o mundo que desejamos, acionando nossos recursos internos superiores e não apenas os recursos imediatistas e limitados do Ego.

Além disso, queria que você percebesse que muitas vezes esse jogo egoico vira-se contra você mesmo, na medida em que você se compara e acredita no ruidoso canto da sereia dos outros Egos, supostos vencedores, que vivem uma suposta viva extraordinária, como se tudo na vida deles seguisse uma trajetória linear, sempre bem, sempre fantástica, sempre feliz.

Dito isso, podemos mencionar algumas práticas que podem ajudar você a iniciar ou aprofundar essa aventura maravilhosa que é conhecer a si mesmo e conectar-se com seu Self, fonte de sabedoria, de criatividade, de intuição, de compaixão e de conexão com o todo. Nosso objetivo é despertar seu interesse por elas, incentivando-o a estudá-las mais profundamente e praticá-las conscientemente.

• **Desligue os eletrônicos de tempos em tempos e durante as práticas de autoencontro:** a maioria das dicas que se seguem vão exigir silêncio, recolhimento, eliminação das distrações e diminuição dos estímulos externos. Esta é uma recomendação inicial básica. Se você for usar o celular para ouvir uma música suave durante a caminhada, por exemplo, cuide de desativar todos os alarmes, notificações, redes sociais e demais aplicativos que possam ficar vibrando ou emitindo alertas sonoros. Lembre-se: estímulos externos demandam energia do cérebro para serem analisados, decodificados, interpretados e processados. Assim como é uma profunda falta de respeito e de consideração ficar consultando o celular a cada momento enquanto conversa com alguém durante um encontro, também configura um grande desrespeito e falta de consideração por você mesmo quando age da mesma forma nos momentos que deveriam ser reservados para os exercícios de autoconexão.

- **Pratique meditação sistematicamente:** meditar é marcar um encontro com você mesmo, é desacelerar a mente e mudar a frequência do seu pensamento. O princípio é simples, mas em tempos de síndrome do pensamento acelerado, a maioria das pessoas só consegue utilizar as técnicas da meditação com muita persistência e, principalmente, com muita disciplina. Há estudos seriíssimos sobre os benefícios da meditação. Estudos capitaneados por pesquisadores, cientistas e neurocientistas como Richard Davidson, Tanya Singer, Daniel Goleman, Sara Lazar, Deepak Chopra, Gaëlle Desbordes, Elizabeth Blackburne (ganhadora de um Prêmio Nobel) e Matthieu Ricard, o cientista francês que se tornou um monge budista e realiza estudos superinteressantes sobre o altruísmo e a compaixão associados à meditação. Se você tem um daqueles canais de filmes por assinatura, por exemplo, procure, pois há bons documentários sobre esse tema atualmente. Você encontrará inúmeros vídeos também no Youtube.

A ciência vem demonstrando que meditar regularmente ajudar a relaxar, aumenta a densidade da massa cinzenta do cérebro, melhora o aprendizado e a memória, ajuda no controle emocional, potencializa a empatia e a compaixão, reduz o medo, o estresse e a ansiedade, reduz os pensamentos negativos e as disfunções cerebrais, impulsiona a saúde e o bem-estar, eleva a imunidade, aumenta a concentração e a *performance*, favorece o surgimento de *insights*, ativa a mente intuitiva e seus efeitos permanecem por muito tempo após a prática meditativa.

Uau! Não é pouca coisa, concorda? A cada dia, mais e mais pessoas vêm descobrindo a meditação, porém, nosso modo de vida trabalha na direção contrária: muito ruído, excesso de informações, *overdose* de conexões com o mundo fora de nós, muita pressa, um volume demasiado de estímulos externos potencializados pela moderna tecnologia da comunicação, relacionamentos superficiais, pouco incentivo à exploração do mundo interior e ao contato com nosso Eu Maior, nosso Self.

Não há necessidade de ir aos montes do Tibete para meditar. Você pode meditar até mesmo durante uma caminhada, por exemplo.

Portanto, não espere que venham buscar você em casa para conhecer a meditação. Estude, pesquise e faça isso por você! Busque ajuda de alguém experiente, se sentir necessidade. Depois você poderá seguir com os próprios pés, no seu ritmo.

• **Pratique Mindfulness**: este é um dos tipos de meditação, mas eu decidi citá-lo separadamente, pois é uma prática muito comentada em todas as mídias hoje em dia. Mindfulness ou Atenção Plena é uma técnica que leva seu praticante a desligar a mente automática e a estar mais consciente, apropriando-se do que está vivendo no momento em que está vivendo. Isso não quer dizer que você nunca mais ficará ansioso, por exemplo. Mas, pelo Mindfulness, você estará consciente da ansiedade que está sentindo, e essa consciência, por si só, já aliviará a ansiedade, impedindo que você crie fantasmas inexistentes ou resolva fugir do desconforto através do álcool, das drogas, do isolamento etc.

A prática do Mindfulness treina o seu cérebro a ampliar seu tempo de resposta e diminuir a reatividade impulsiva (aquela que às vezes coloca você em grandes encrencas). Convida-o a estar "presente no momento presente" de forma intencional, sem julgar, mantendo a mente atenta, aberta, curiosa e gentil, evitando "colar-se" aos eventos. Aprender a observar a si mesmo como quem se vê de fora. E, dessa forma, se tornar capaz de perceber e não cair nas armadilhas do cérebro, que evoluiu para identificar ameaças rapidamente, resolver problemas e nos manter vivos, mas por vezes se torna disfuncional, como se não conseguisse desligar a sirene do alarme, mantendo-nos em estado de alerta constante, ansiedade exagerada e pânico irracional. Há livros excelentes e muitos vídeos sobre o assunto. O Mindfulness também pode ser praticado em qualquer lugar e encontrou boa receptividade no mundo ocidental.

• **Faça o que você está fazendo:** mesmo fora da prática meditativa, aprenda a estar presente. Se você está com um amigo, esteja com ele, converse com ele, olhe para ele, ouça de verdade o que ele está lhe dizendo. Se você está visitando sua avó, esteja ali, desfrute o momento, perceba os sons, os cheiros, os detalhes da casa, as coisas que ela diz. Se você está jogando, entre no jogo. Se foi passear no sítio do seu padrinho, esteja no sítio. Observe a natureza, ouça os pássaros, sinta o perfume do campo, desfrute a experiência. Eis aí uma boa ocasião para desligar os eletrônicos...

• **Contemple mais:** a contemplação tem sido pouco praticada, pois nossos olhos estão sempre fixados em uma tela qualquer e o pescoço sempre voltado pra baixo, grudado no celular. Sentar em frente ao mar e simplesmente contemplar o movimento das ondas, a cor da água, o baile das nuvens, o voo dos pássaros marinhos, as embarcações. Sentar em um banco da praça e contemplar as árvores, as construções, as pessoas que passam, o ritmo da rua. Perceba a sua conexão com o universo. Desenvolva e refine essa sensação de pertencimento, criando intimidade com o planeta e com a própria humanidade. Todas essas coisas falam a você e falam de você.

• **Leia seu corpo:** aprenda a ler as reações do seu corpo. Preste atenção em você. Desenvolva a competência de ler os sinais que seu corpo dá. Ele costuma avisar quando algo está bem ou algo desagrada você em frações mínimas de segundos. Observá-lo também pode contribuir com esse esforço de se autoconhecer e de tomar as melhores decisões (ou as mais coerentes, ao menos). Eu tenho bem guardados na memória alguns momentos em que eu travei conversas que mudaram o rumo da minha vida e ainda me lembro de como meu corpo todo parecia eletrificado, num estado de excitação anormal que aprendi a reconhecer como um aviso do tipo: "Atenção - esta conversa será definidora de novos caminhos para você"!

• **Considere a possibilidade de praticar atividades físicas** que favoreçam o contato de você com você mesmo, como natação, artes marciais, *yoga*, caminhada, corrida, ciclismo, *surf*, ou outra do seu agrado. Muitos *insights* acontecem nesses momentos.

• **Experimente trabalhos manuais:** artesanato, artes plásticas, escultura, aeromodelismo, desenho, quebra-cabeça, origami ou até mesmo jardinagem – proporcionam momentos em que o foco concentrado na atividade acaba causando efeitos semelhantes aos da meditação.

- **Escreva para você mesmo:** escrever ajuda a ordenar as ideias. Manter um diário pode ser uma prática muito bacana. Você poderá descobrir muito sobre si mesmo, seus sentimentos, seus valores, seus interesses e – por que não? – até sobre seus propósitos ao registrar aquilo que tem importância para você.

- **Faça trabalho voluntário:** às vezes a gente precisa atravessar as densas nuvens do Ego e tomar um certo distanciamento delas para conseguir entrar em contato com nossa essência. Cuidar da dor ou da necessidade alheia pode ser um meio poderoso de conseguir esse distanciamento e descobrir novas forças em nós, passando a enxergar a própria vida de outros ângulos. Falo por experiência própria: a gente recebe muito mais do que dá quando auxilia alguém desinteressadamente.

O importante é que todas essas práticas podem ajudar você a ativar a mente intuitiva e entrar em contato com seu eu mais profundo, sua fonte de sabedoria, sua consciência, sua dimensão noética, como diria Viktor Frankl, ou espiritual, como costumamos dizer. É nessa dimensão que a identificação do nosso propósito e a descoberta do sentido acontecem.

Meu voo imaginário ao lado da Fernanda chegou ao fim. Eu percebo em seus olhos um tom de esperança. Abraço-a demoradamente e desejo profundamente que ela se encontre e sinta-se feliz. E se ela me perguntasse: "Será que estou fazendo a coisa certa?", eu diria com todo amor da minha alma: "Essa é a pergunta que também me faço todos os dias. O que importa é saber se suas escolhas estão coerentes com as suas verdades. Estamos todos aprendendo o tempo todo, querida!"

Como diz o professor e filósofo brasileiro Clóvis de Barros Filho em suas palestras, todo caminho que você escolher terá suas dores e suas tristezas e você sempre imaginará que não teria aquelas dores se escolhesse outro caminho. Pode ser que não, mas com certeza você teria as dores e as tristezas daquele outro caminho. E esse raciocínio é válido também para as alegrias de cada caminho escolhido.

Viver é fazer escolhas e aprender sempre. A beleza da vida está aí. Quanto mais conscientes nossas escolhas, maior a nossa chance de aumentar nossos níveis de bem-estar. Uma vida linear, sem sobressaltos, sem problemas, sem contrariedades, sem dores nem perdas não existe - é pura ilusão.

Gosto da proposta budista que nos diz que felicidade é prática. Buda afirmava que o sofrimento vem da mente, mas que a felicidade também vem da mente. A ciência vem corroborando essa visão, na medida em que demonstra que podemos treinar nosso cérebro e nossas dimensões emocional e espiritual, com o concurso de nossa dimensão física, para aumentarmos intencionalmente os nossos níveis de bem-estar subjetivo. Quando passamos a enxergar a existência como um campo de eterno aprendizado, quando admitimos que ela se conduz por ciclos com começo, meio e fim, quando aprendemos a lidar com a impermanência e nos desapegamos da necessidade de ter todas as certezas, nossa vida se torna mais leve.

E, de tanto pensar nesse assunto, acabei escrevendo uma canção sobre o tema. Se você quiser conhecer, opinar e conversar sobre ele, acesse o vídeo pelo QR Code a seguir e registre seus comentários por lá, ok?

FAZ SENTIDO PRA VOCÊ?

5
NÃO PERCA O
SEU NORTE

    Hoje sabemos o que aconteceu, mas as causas do acidente permaneceram desconhecidas por um bom tempo.

    No dia 3 de setembro de 1989, o Boeing 727-200 da companhia aérea Varig cumpriria o trecho de Marabá a Belém, no Norte do Brasil, no voo 254, que deveria durar pouco mais de 40 minutos. No momento de programar o plano de voo entre as duas cidades, pouco antes da decolagem, o comandante Garcez cometeu um erro de interpretação ao inserir o rumo no dispositivo existente no painel da aeronave. Ao invés de 027°, ele informou 270°. Sem ter ideia da tragédia que se desenhava, o avião decolou às 17h35 e seguiu sem que os tripulantes percebessem que estavam indo na direção errada, a não ser horas depois, quando já não havia como se dirigir a nenhum aeroporto alternativo, pois o combustível estava acabando.

    O piloto se deu conta de que algo estava errado tempo depois, mas não quis admiti-lo e adotou posturas não previstas nas normas ou pelo código de ética profissional, tentando descobrir sozinho o que estava ocorrendo, enquanto se perdia cada vez mais. O controle de tráfego aéreo fez alguns *contatos via rádio quando ainda era possível e depois só conseguiu fazer conexão através do piloto de outra aeronave, mas o comandante do avião desorientado não pediu ajuda, ofereceu apenas respostas evasivas e não confessou que estava perdido, tentando ocultar o problema (na época não havia os modernos radares e sistemas que hoje existem). Alguns dos viajantes acostumados àquele trecho perceberam que algo estava estranho e avisaram os membros da tripulação. O copiloto finalmente percebeu o erro inicial quando já estavam voando há cerca de duas horas e dez minutos. Depois disso, ainda voaram uma hora e quinze minutos até o combustível acabar.*

O comandante Garcez, muito mais experiente que o copiloto, chegou a fazer sinal de silêncio para que este não comentasse o que estava havendo e assim não ficasse registrado no gravador de voz o que tinham feito de errado. Mas nada disso faria diferença a partir daquele momento: em breve o avião seguiria sem combustível, sem energia, motores desligados, apenas com o som do vento sendo cortado pela aeronave enquanto ele se aproximava do solo, para desespero dos passageiros, em plena floresta amazônica.

E foi assim que se viu sem alternativa: teve de fazer um pouso forçado na floresta, no meio da noite, a mais de mil quilômetros do seu destino original, num dos mais emblemáticos acidentes aéreos da história da aviação brasileira. Felizmente, o voo não estava totalmente lotado e muitos dos passageiros sobreviveram, em parte por causa da perícia do comandante, em parte por causa da bravura de alguns sobreviventes que enfrentaram os perigos da mata densa para buscar ajuda.

Muitos procedimentos foram revistos depois desse acidente. Muitos avanços foram registrados nos quase 30 anos que se seguiram. Hoje é praticamente impossível um novo acidente ocorrer nas mesmas circunstâncias, pois no mundo da aviação cada um deles é minuciosamente estudado e analisado até a exaustão a fim de que todas as correções sejam feitas de modo a evitar que se repitam, com reflexos no treinamento das tripulações, no projeto das aeronaves, na elaboração das normas, na política de controle de tráfego aéreo, no formato das informações etc.

Esta é uma história real e você encontra muitas informações sobre ela em *sites,* canais do Youtube e livros especializados. Mas, provavelmente, você deve estar se perguntando o que uma história sobre acidentes aéreos está fazendo aqui.

Em primeiro lugar, porque sou um aficionado por esse tema e utilizo frequentemente histórias como essa para ilustrar minhas palestras sobre gestão de pessoas e segurança no ambiente de trabalho, por exemplo. Em segundo lugar, porque, por analogia, ela serve perfeitamente para tratarmos do assunto deste capítulo.

Se existe algo que aprendi ao estudar e trabalhar com desenvolvimento do potencial humano e ao atuar como *coach,* é que precisamos aprender a ser mais conscientes, mais honestos, mais intencionais, mais coerentes, mais focados e mais assertivos.

Mais conscientes (e temos falado disto inúmeras vezes) a ponto de conhecermos bem quem somos, quais nossos valores, quais nossos talentos, quais os nossos propósitos e o que queremos de fato. Mais honestos para admitirmos qual a nossa realidade atual e podermos avaliar a que distância estamos de nossas metas. Mais intencionais para assumirmos que, em relação aos nossos projetos, precisamos atuar como protagonistas, de acordo com nossas intenções, assumindo a parte que nos cabe e deixando de lado o vício mental do vitimismo. Mais coerentes, pois o que fizermos precisa estar coerente com o que somos de fato e o que queremos de verdade. Mais focados, pois o foco potencializa nossas energias e mais assertivos para não perdermos tempo nos lamentando ou culpando os outros, e sim verificando o que não funcionou e corrigindo o rumo.

Corrigir o rumo!...

Entrevisto jovens que me dizem que o que mais desejam é sua autonomia, mas suas atitudes apenas reforçam sua dependência, pois, no fundo, não querem pagar o preço da independência que alegam desejar. Agem como o comandante Garcez: na inconsciência, desejam ir para um lado, mas navegam na direção oposta.

A verdade é que mesmo nas situações indesejadas a gente acaba encontrando um ganho secundário. O ganho secundário daquele que se considera vítima é o "coitadismo" – ou, em outras palavras, a ilusão de não ter responsabilidade alguma pelo que está acontecendo.

O consultor argentino Fred Kofman, em suas palestras, desenvolve um raciocínio muito interessante nesse particular. Segundo ele, se me considero vítima em determinada situação, é porque acho que não sou o responsável por ela. Não tenho culpa, não depende de mim, a culpa é de terceiros, eu não posso fazer nada – e assim me sinto "livre" da responsabilidade. Sinto-me "inocente" e este é o ganho secundário. No entanto, continua Kofman, existe outra consequência dessa forma de se posicionar. Se não depende de mim, se não posso fazer nada, então sou um impotente.

Um inocente impotente! Que tal? Pouco animador, não é? Não chegamos até aqui para nos conformarmos com essa posição situada em algum recôndito de uma mal-disfarçada zona de conforto. Nós queremos mais. Nós queremos florescer, queremos aplicar nossos talentos em causas que façam sentido para nós, queremos deixar um legado, por mais singelo que seja, fazer a diferença por onde passamos, contribuir para a construção de uma sociedade melhor e ajudar outras pessoas a florescerem.

Mas essa ideia de que somos sempre as vítimas (notem que o problema é a palavra sempre) é resultado de um modelo mental ao qual somos habituados desde pequenos.

A criança chega em casa com um ferimento no rosto e o mais comum é que a mãe logo pergunte: "O que fizeram com você, meu filho?", "quem foi o filha-da-mãe que te fez isso?", "tadinho, ninguém entrou pra te defender?", "deixa que eu vou lá e vou mostrar com quem eles se meteram"...

Quantas vezes um dos pais resolve adotar uma abordagem do tipo: "Que situação foi essa que você enfrentou, meu filho?", "como você reagiu?", "o que você podia ter feito diferente para evitar?", "o que você poderia fazer agora para melhorar a situação?", "o que você aprendeu com tudo isso?".

Não sei se você percebeu, mas a segunda abordagem exalta o protagonismo da criança, coloca o foco sobre aquilo que depende dele, sobre atitudes que contribuem para que as coisas aconteçam, ajuda a pensar em melhores respostas para futuras ocorrências semelhantes, sobre como contribuir positivamente para solucionar os problemas e sobre as coisas que ele poderá aprender desta forma. É um verdadeiro exercício de autoempoderamento, enquanto a primeira abordagem se resume a colocá-la como uma "tadinha" mesmo – inocente, indefesa, impotente.

Mas, você que me lê agora já não deve ser criança. Jovem ou maduro, seja sincero: quantas vezes você se questiona dentro da segunda abordagem? Quantas vezes você ainda usa frases do tipo: "eu tive que...", "eu sou obrigado a...", "eles não quiseram...", "eles não deixaram...", "ela me irrita...", "eles nunca concordarão...", "eu não tenho culpa de ser assim...", "eu não consigo acordar cedo...", "ninguém me entende..." e outras semelhantes?

COACHING, DESEMPENHO E DESENVOLVIMENTO HUMANO

O processo de Coaching é justamente um soco no estômago do "coitadismo" e do "desculpismo". Ahh... antes que eu me esqueça é preciso deixar bem claro que o Coaching não se aplica a todos os casos. Processos de autossabotagem profunda, tendências depressivas severas, conflitos familiares de maior complexidade, crises de identidade mais sérias, transtornos traumáticos, transtornos obsessivos e mesmo alguns casos mais leves podem precisar do apoio de um profissional da Psicologia. E, como já aprendemos anteriormente, ser corajoso inclui saber pedir ajuda quando necessário. Por isso, não há nenhum demérito em passar por um processo de terapia, que bem conduzido será uma poderosa experiência de autodescoberta também. Portanto, repito, o processo de Coaching não é a ferramenta mais adequada para lidar com problemas psíquicos, transtornos mentais ou qualquer outro tipo de fragilidade emocional que demande cuidado e tratamentos psicológicos ou psiquiátricos, ok?

O Coaching é o processo pelo qual o *coach* (profissional capacitado para aplicar o Coaching) apoia seu cliente (o *coachee*), através de técnicas, perguntas e questionamentos eficazes, a atingir os resultados que o *coachee* deseja, aprimorando seu desempenho pessoal, investindo no desenvolvimento das suas potencialidades, estimulando o protagonismo e mantendo o foco na solução.

Num processo em que o *coach* conduz muito bem a metodologia e o coachee se compromete de verdade, há espaço para importantes reflexões e autodescobertas sobre seus valores, suas crenças, seus modelos mentais, sua visão de mundo, seus talentos, seus interesses e tudo o que vimos até aqui. Quando inicio um processo de Coaching, por exemplo, tenho como princípio iniciar pela análise de perfil do meu *coachee* (utilizo a ferramenta DISC para isso), que já oferece um interessante ponto de partida para os encontros que se seguirão.

O Coaching pode ajudar você a se organizar melhor para enfrentar o vestibular, pode ajudar você a enxergar com mais clareza o que deseja para sua carreira acadêmica ou profissional, pode ajudar você a criar e implementar estratégias para atingir objetivos diversos, como a compra de um bem, a realização de uma viagem, a aprovação em um concurso, entre outras coisas. Nas empresas utiliza-se a metodologia *coach* na formação de líderes e para o desenvolvimento de competências.

Muito importante: no Coaching quem define a meta, analisa e relaciona as alternativas, identifica as barreiras e cria alternativas para superá-las, quem cria o plano de ação e decide o que e como vai fazer é o próprio *coachee* e nunca o *coach*. A única exceção é o trabalho contratado por empresas – neste caso quem define as metas a serem perseguidas é a empresa contratante. O trabalho do *coach* é conduzir o processo, principalmente por meio de perguntas, de maneira a que o *coachee* seja capaz de definir sua própria estratégia, coerente com o que ele é, com o que ele acredita, com o que ele valoriza e com o que ele quer. Esse é um dos maiores fatores geradores de comprometimento do *coachee* com seu próprio desenvolvimento.

O que faz com que o Coaching produza resultados tão interessantes para aqueles que levam o processo a sério, além de ser um poderoso exercício de autoconhecimento, é justamente a sua capacidade de ajudar a pessoa a organizar suas ideias, estabelecer prioridades, identificar as alternativas, focar no que realmente interessa, estabelecer um plano de ação e cumpri-lo efetivamente. O Coaching feito com real comprometimento das partes acaba com o nosso hábito de procrastinar, de arranjar desculpas, de culpar os outros, de fugir da parte que nos cabe. Ao submeter-se a um processo de Coaching, o *coachee* logo percebe que não vai mais poder continuar "empurrando com a barriga"...

Quer ver um exemplo hipotético bem simples? Vamos supor que você é meu *coachee* e que sua meta – definida por você mesmo – é passar em um concurso público. Imaginemos que na fase do levantamento das possibilidades você me diga que precisa aumentar as horas diárias de estudo. Eu então perguntaria como você poderia fazer isso e você me diria que precisaria acordar mais cedo (com aquela cara de contrariedade). Eu então perguntaria o que impede você de levantar mais cedo. Em nosso exemplo hipotético, você me responderia que é complicado, pois você gosta de assistir séries até tarde pela *internet*. Nessa hora, talvez um colega dissesse o quanto é mesmo complicado acordar cedo. Mas, minha obrigação como *coach* seria questionar: "Sabendo que você precisa aumentar as horas de estudo para ter chances de passar no concurso, sabendo que a alternativa é aumentar suas horas diárias de estudo e que o meio de fazer isso é acordar todo dia mais cedo, o que você vai fazer a respeito?"

Se aquela meta é realmente importante para você e se você está realmente comprometido com ela, você provavelmente me dirá que poderia então passar a ver as séries apenas nos finais de semana e assim passaria a dormir mais cedo todos os dias. Eu ainda perguntaria: "Mais cedo, que horas?" e quando você definisse a hora eu então perguntaria: "A partir de que dia você adotará essa nova estratégia?" E você teria que escolher um dia e anotar aquele seu compromisso com você mesmo em seu plano de ação. E cumpri-lo.

Notem que nesse exemplo tratamos de apenas uma alternativa – aumentar as horas diárias de estudo, mas muitas outras surgiriam e todas elas receberiam essa abordagem assertiva, com foco na solução e na meta. Você consegue perceber o quanto este processo pode potencializar o desempenho de uma pessoa?

Porém, há outra virtude importante no processo de Coaching. Ele pode revelar *gaps* e equívocos em estratégias já em curso.

Um dos meus primeiros *coachees* era um ex-colega do banco onde trabalhei por 31 anos. Ele tinha um cargo técnico e me trouxe como meta tornar-se gestor de pessoas. Queria ser gerente, liderar e inspirar pessoas, ganhar mais. Nada de errado com sua meta, mas havia um descasamento entre a direção que ele queria seguir e o rumo que estava trilhando de fato, exatamente como no caso do voo 254 do Boeing 737-200, pilotado pelo comandante Garcez. Ele havia-se graduado em Tecnologia da Informação e estava terminando uma pós-graduação na mesma área. Em suas reflexões, ficou claro que seu forte não era lidar com pessoas. Seu método de trabalho, a forma como se relacionava com os colegas e até mesmo a análise do seu perfil DISC deixavam claro que ele se sentia muito mais confortável lidando com processos, relatórios, sistemas, máquinas, *softwares* e *hardwares*.

A diferença entre ele e o piloto da nossa trágica história é que ele rapidamente reconheceu o erro. Ao contrário do que fez o comandante, ele soube interpretar os sinais que a vida estava lhe oferecendo, parou para ouvir os alertas internos e externos e não negou sua realidade: era preciso corrigir o rumo. E para isso precisaria de ajuda.

Ao revisitar e analisar de forma minuciosa e crítica a sua meta, meu colega percebeu que ela não era coerente com seus valores e seus talentos. Mais do que isso, compreendeu que a meta real era obter uma promoção, não necessariamente como gestor de pessoas, pois o que ele pretendia mesmo era realizar-se profissionalmente e poder oferecer um padrão de vida melhor para sua família. E, assim, concluiu que poderia e deveria tentar essa promoção não em uma carreira de gestão, mas dentro da área técnica da empresa, muito mais aderente ao seu perfil. E assim o fez. Concluiu sua pós-graduação, focou em seus pontos fortes, preparou-se para os processos seletivos internos e pouco mais de dois anos depois conquistou a promoção tão desejada e foi trabalhar na capital do País, na área de tecnologia, onde vai indo de vento em popa.

Mas, antes de fechar este capítulo, eu ainda preciso fazer duas observações muito importantes.

Como em toda profissão, há *coachs* sérios e pseudocoachs aventureiros. Informe-se bem antes de escolher o seu, se for este o caso. Não confie em modismos nem promessas mágicas. Nem tudo estará 100% em suas mãos. Você não terá sempre o que deseja. Mesmo quando nos dedicamos totalmente, há fatores externos que afetam os resultados. Um bom profissional ajudará você a fazer melhores e mais conscientes escolhas e isso já trará um grande acréscimo de bem-estar subjetivo, mas nunca poderá garantir seu sucesso ou sua felicidade de forma absoluta.

E o mais importante: como educador e apaixonado pelo desenvolvimento dos potenciais humanos, penso que nenhuma meta envolvendo conquistas materiais, ganhos financeiros, ascensão profissional, aprovação em concursos, abertura de empresas e objetivos semelhantes pode estar desvinculada de nossa maior e mais importante meta pessoal: o nosso florescimento. De nada valerá ganhar o mundo se perdermos a nossa alma, se a vitória material nos afastar de nossa essência e dos princípios éticos.

E por fim, ainda que você nunca faça uma sessão de Coaching, eu sugiro que você reflita de tempos em tempos sobre essas perguntas que um dia eu ouvi na palestra do filósofo brasileiro Mário Sérgio Cortella e que na época foram determinantes para mim. Pense nelas demoradamente, tendo em mente que viver é fazer escolhas e que nossas escolhas determinam o nosso futuro:

Por que eu dedico tempo e energia a fazer as coisas que estou fazendo hoje?

Se eu continuar a fazer as coisas que estou fazendo hoje, aonde chegarei?

É lá que eu quero chegar?

Desejo que você esteja preparado para as turbulências da vida, mas nunca precise fazer um pouso forçado por não se ter comprometido com o seu próprio desenvolvimento.

Se você quiser ouvir um pouco mais sobre o processo de Coaching, acesse meu vídeo sobre este assunto através do QR Code abaixo e deixe seu recado nos comentários.

6

CONSTRUA O MUNDO QUE VOCÊ DESEJA

Seu apelido era Prata. Algo a ver com uma medalha que ele ganhou num torneio qualquer do ensino médio.

Alma de artista, pinta de artista, aos 27 anos cursava Engenharia, mas gostava mesmo era de tocar violão, fazer malabares, praticar slackline e experimentar modalidades diversas das artes circenses.

Com ele não tinha tempo ruim. Se o dinheiro minguava, ele até fazia brownies para vender na universidade e levantar alguma grana. Afinal, mesmo estudando em uma universidade pública, havia despesas para morar e se manter em outra cidade.

Prata era gente boa demais! Amigo de todos, sensível, alegria das festas, apesar de introvertido e muito questionador.

Ele questionava, por exemplo, os modelos econômicos vigentes, a exploração do trabalho dos mais simples, a má qualidade (intencional, segundo suas convicções) do ensino público, as práticas do capitalismo selvagem, a concorrência predatória, as agressões ao meio ambiente, a supervalorização das grifes, a especulação financeira, a concentração da riqueza, o papel dos grandes bancos... bem, você já entendeu. Prata era um cara que levava muito a sério seus valores e princípios.

Na universidade ele até encontrava colegas que cultivavam valores semelhantes aos dele. Não muitos, mas havia. Porém, logo percebeu que, conforme avançava no curso e se aproximava do momento da sua graduação, começava a ingressar em outra esfera, onde não transitava tão à vontade. Para falar a verdade, quando era o caso de enfrentar o universo do mundo corporativo, quando se tratava de business, ele se sentia um "peixe fora d'água". Era algo tão forte que se foi tornando uma trava em seu caminho.

A arte aliviava as tensões, mas não resolvia seu dilema. Era órfão de pai há alguns anos. Em casa, a vida era simples, as coisas eram regradas. Até ali, nada faltara. Mas, não havia espaço para supérfluos. O foco era levá-lo à graduação. No entanto, a idade, as circunstâncias, a sociedade como um todo – a vida em si gritava cada dia mais alto: "Está na hora de buscar seu caminho, arrumar um trabalho, conquistar sua autonomia, aliviar as coisas para sua mãe que, apesar de toda valentia, anda muito cansada".

Como muitos outros em sua idade, viveu as agonias do jovem procurando emprego em um país de raras oportunidades. E ele procurou. Candidatou-se a várias vagas em escritórios de Engenharia, tentou novos estágios, prestou alguns concursos, mas apenas uma porta se abriu por indicação de um colega de curso: uma vaga de emprego no maior banco privado do País!... Nem exigiam experiência! Salário razoável. Jornada de seis horas. Vale-alimentação. Plano de saúde. Tudo o que ele precisava no lugar que representava tudo o que ele não desejava para si.

Não fazia muito tempo que ele havia escrito um texto criticando colegas que combatiam a desigualdade social e a ciranda financeira, mas acabavam comemorando e "se rendendo ao sistema" ao aceitarem trabalhar para instituições que ele chamava de rentistas vorazes e inescrupulosas.

Para o jovem Prata era impensável trabalhar num banco.

À noite, ao conversar com sua mãe sobre o convite que recebera inesperadamente, sentiu na voz dela tamanho alívio naquele "que *maravilha, filho!", que não teve coragem de dizer o que estava de fato sentindo.*

Eu seu diário, que ele só preenchia quando estava em dificuldades, escreveu naquela madrugada: "Minha mãe se esforçou tanto para me oferecer uma vida boa, me ensinou a lutar pelo que acredito e agora quer que eu me anule, jogue fora meus valores e me 'enquadre' num sistema que não faz o menor sentido para mim".

Prata não sabia o que fazer. E você? O que você faria?

Esse dilema vem-se tornando muito comum entre os jovens, principalmente entre aqueles que receberam a valiosa oportunidade de não precisar trabalhar desde cedo para se manterem. Não é uma realidade da maioria dos brasileiros - infelizmente, a maioria não se pode dar ao luxo de se pautar por essas questões, pois é obrigada a agarrar a primeira oportunidade de emprego que aparece, como condição de sobrevivência e até mesmo para que possa prosseguir estudando, mas encontra ressonância em boa parte dos jovens de classe média ou média alta, no Brasil e no mundo.

Os mais céticos dirão que todo jovem passa por uma fase "comunista" na vida, mas se torna "capitalista" assim que ingressa no mundo corporativo, inicia a formação de um patrimônio e constitui família. Outros ainda se apressarão a dizer que esse tipo de dilema nasce dentro das universidades públicas somente por causa da ideologia dominante nessas organizações.

Mas, embora esta seja uma discussão igualmente interessante, não é sobre esse viés estritamente político-ideológico que estamos falando agora. Dissemos há alguns capítulos que os jovens das novas gerações estão assumindo desde muito cedo a preocupação com a definição do seu propósito de vida. Da mesma forma, em busca de coerência, cada vez mais esses jovens questionam também os propósitos, os valores e as causas defendidas pelo mercado e, mais especificamente, pelas empresas.

Essa situação decorre de um contexto que não está restrito ao universo jovem. Hoje todos nós temos muito mais acesso às informações. A tecnologia nos aproximou do conhecimento, ampliou nossa janela para o universo, colocou-nos em contato com teorias, experiências e saberes mais complexos que nos ajudam a formar uma visão mais sistêmica do mundo e da sociedade. Ativistas, cientistas, educadores, pesquisadores, ecologistas, sociólogos e pensadores diversos chamam a atenção para questões antes mantidas na obscuridade, impedindo que possamos alegar ignorância. A diferença é que, infelizmente, muitos de nós (com raras exceções) já nos acomodamos, nos habituamos ou nos tornamos insensíveis em relação às demandas que, para as novas gerações, e especialmente entre os estudantes, têm importância fundamental.

São temas palpitantes e estão na agenda desta nova geração. Há diversos documentários sobre práticas comerciais predatórias, trabalho escravo ou em condições análogas à escravidão, fraudes no sistema financeiro, golpes, lavagem de dinheiro, desumanização das relações, políticas de exclusão, maus-tratos aos animais, depredação dos ecossistemas etc.

Cada vez mais jovens boicotam, combatem e denunciam, por exemplo, marcas que produzem roupas e acessórios através de trabalho semiescravo, empresas com práticas, políticas e/ou propagandas sexistas, qualquer tipo de entretenimento que cause sofrimento aos animais, organizações que exerçam algum tipo de cerceamento à liberdade de expressão e governos corruptos. Já existem aplicativos, a maioria criados por estudantes ou jovens empreendedores, concebidos para denunciar e mapear essas e outras ocorrências. Até mesmo a inteligência artificial está sendo usada para monitorar os gastos realizados por políticos, que são cobrados via redes sociais, aumentando o nível de transparência nos municípios onde tais aplicativos são implementados.

Em muitos aspectos os jovens estão sim nos oferecendo exemplos de maior respeito à diversidade, iniciativas mais cooperativas, mais cuidado com o outro e respeito aos direitos humanos, posicionamentos politicamente corretos e preocupações com a pegada ecológica, que, em última análise, significa questionar a validade dos meios pelos quais atingimos nossos objetivos. Alguns jovens expressam e tentam de fato vivenciar ideias mais pluralistas, mais inclusivas e capazes de integrar interesses pelo bem da coletividade.

NADANDO CONTRA A CORRENTE

Convivo com jovens há muitos anos, em escolas, universidades, empresas, organizações não governamentais e na minha família. Seja na mesa do almoço, ou numa roda de diálogo promovida em sala de aula, conversar com eles é sempre um momento muito rico. Fico encantado quando vejo o quanto eles se preocupam com questões que transcendem seus interesses pessoais. Mas, ao mesmo tempo, quase sempre encontro motivos para me preocupar com o futuro de suas convicções.

Em boa parte desse grande coletivo, as ideias de justiça, respeito, inclusão, sustentabilidade, autonomia, liberdade, coerência, que na minha geração estavam no campo do ideal a ser perseguido, hoje figuram como premissas para que eles queiram aderir a uma causa, vestir a camisa de uma empresa ou emprestar seu talento para a execução de um determinado projeto, incluindo o projeto da sua própria vida.

Acontece que, na maioria dos casos, esses são valores que ainda hoje nadam contra a corrente. Na sociedade que se baseia sobre o princípio da maximização do lucro a qualquer preço, os fins ainda justificam os meios, as pessoas são vistas como recursos a serem explorados (recursos humanos, mão de obra), o meio ambiente é vilipendiado, o mundo é dividido entre vencedores e perdedores, estimula-se o individualismo, a ambição e a ganância como combustíveis para alimentar a competição e a instrumentalização do ser humano.

Esse é um modelo de sociedade que teve seus méritos, trouxe o progresso tecnológico e científico, valorizou o pensamento racional em oposição ao pensamento místico, mítico ou maniqueísta de outras eras e fortaleceu a ideia do protagonismo pessoal e as iniciativas de empreendedorismo. Porém, ao estabelecer o lucro e a riqueza como um fim em si mesmo e ao desconhecer e/ou desconsiderar as necessidades humanas mais profundas, começou a adoecer as pessoas.

Nós sabemos disso, mas muitos já estão de tal forma absorvidos pelos modelos vigentes que lhes resta apenas torcer para que consigam aposentar-se com alguma saúde. Os jovens percebem isso, observam seus pais, seus professores, seus colegas mais velhos no trabalho e não desejam repetir os mesmos modelos.

E aí é que "mora o perigo". Há um impulso imediatista, um alto nível de impaciência e uma baixa tolerância às frustrações entre os representantes das novas gerações – ingredientes que podem conduzi-los a caminhos que desperdiçarão sua força transformadora no jogo da evolução: desistir de tentar e não entrar no jogo ou desistir de mudar e aceitar passivamente as regras do jogo, mantendo tudo como está.

Desistir de jogar, no entanto, não é uma opção coerente com a vida, que pede ação e movimento, nem com a natureza humana, que clama por pertencimento, autoestima e realização. Desistir de jogar é ficar à margem, é murchar, é ficar paralisado, é apequenar-se.

Aceitar passivamente as regras é repetir o mesmo jogo que já está sendo jogado há séculos e perpetuar as práticas que questionamos acima.

A TERCEIRA OPÇÃO

Jovem, há ainda uma terceira opção e eu espero de coração que você a considere de verdade: entrar no jogo e lutar com todas as suas forças, seus talentos, suas inteligências e seus valores para mudar as regras ou até mesmo o próprio jogo.

Peter Senge, autor do livro "A Quinta Disciplina", explica-nos que entre a visão (estado desejado) e a realidade atual (estado atual) existe uma forte tensão, que representa o hiato entre o que desejamos e o que temos ou somos hoje. "Gostaria de exercer a profissão dos meus sonhos" (visão), mas "tenho que sobreviver" (realidade atual) – um dilema típico entre os jovens (e mesmo entre muitos adultos), como nosso amigo Prata.

Por ansiedade, imediatismo ou incapacidade de conviver com a tensão natural que surge ao constatar que existe esse hiato, muitos não suportam e resolvem aliviar a tensão desistindo de seus sonhos, apequenando-os e abandonando a visão, como nas duas primeiras opções.

Ao contrário, na terceira opção você mantém a visão, continua fiel ao seu propósito e transforma a tensão em tensão criativa, utilizando seus talentos para adotar o que Peter Senge chama de solução fundamental: tomar atitudes que alinhem sua realidade à visão. "Pessoas realmente criativas usam o hiato entre a visão e a realidade atual para gerar energia para a mudança", diz ele. Essa frase é fantástica e resume o objetivo central deste capítulo e um dos principais escopos deste livro. Mas, você precisa estar consciente de que alinhar a realidade à visão dá trabalho, leva tempo, demanda energia, paciência e foco.

Esta é a hora de você usar seus talentos de forma estratégica: criatividade, determinação, persistência, coragem, autocontrole, inteligência emocional, senso crítico, integridade – e outros – para saber conduzir-se de modo a aproveitar as oportunidades existentes transformando ou conquistando novas alternativas de forma a ir-se aproximando do seu objetivo – ou da sua visão, no dizer de Peter Senge.

Nem paralisar, nem fugir, mas lutar! Lutar com inteligência – ou melhor, lutar aplicando suas inteligências! Lutar sem perder o senso de propósito e de sentido. Lutar o bom combate, ciente de que não são as empresas que se transformam, são as pessoas que fazem as empresas que se transformam. Lutar sabendo que o mundo é como é porque nós o criamos assim e que será sempre aquilo que nós fizermos dele.

Quando um jovem como você me diz que não quer participar do mundo corporativo pois não concorda com suas práticas, eu pergunto: "Se você não participar, quem é que vai mudar as regras desse jogo? Quem vai mudar as coisas por lá? Quem vai humanizar as relações, estabelecer uma nova ética, construir empresas baseadas em valores superiores? Quem vai virar a mesa, quebrar a banca, provar que pode ser feito de outra forma? Quem vai questionar o sistema e propor novos modelos? Quem vai operar essas mudanças? Quem vai liderar essas transformações se você, que acredita que elas são necessárias, não vai estar lá? O que você propõe, então? O que você fará de concreto e efetivo?"

O problema são as empresas?

As empresas são uma das forças organizadoras da sociedade. Estou aqui escrevendo em um *notebook* fabricado por uma grande empresa, você está lendo um livro que, para existir no mundo tridimensional, dependeu também da existência de uma editora, de uma gráfica, de uma transportadora, de uma indústria de papel, e talvez você o tenha adquirido por uma empresa que opera pela *internet*, que abriga milhões de outras empresas. As empresas, a princípio, não são o problema. Em sua origem, elas passaram a existir para oferecer soluções e facilitar a vida das pessoas.

Autores como Richard Barret, John Mackey e Raj Sisodia, entre outros, demonstram que empresas bem administradas e realmente dirigidas por valores podem contribuir de forma concreta e efetiva para a humanidade, mais do que qualquer outro tipo de organização humana. As empresas conscientes ainda são raras, mas já estão no mercado, apontando para um novo tempo. São empresas que não existem apenas para lucrar, mas lucram para poder existir e ajudar a criar uma sociedade onde todos possam viver com propósito, amor e criatividade.

Tenho jovens amigos que desenvolveram uma forte rejeição por grandes empresas e pelo universo corporativo em geral, mas cultuam e reverenciam as *startups*. E o que são as *startups* senão os embriões de novas empresas que, no fundo, também desejam crescer e fazer parte daquele universo?

Da mesma forma, todos consideramos um verdadeiro heroísmo casos como o do jovem Prata, que vende *brownies* na faculdade para conseguir cobrir suas despesas, certo?

Ok, eu sei que não são a mesma coisa. Mas são expressões de um mesmo modelo, ainda que em dimensões e proporções bem distintas, passando por momentos diferentes. Grandes empresas, algumas muito apreciadas pelos mais jovens, como a Apple e a Amazon, por exemplo, foram geradas em garagens apertadas e hoje figuram entre as maiores do mundo em termos de valor de mercado. Facebook, Netflix, LinkedIn, Google, Paypal, Spotify, Airbnb e Uber, entre outras, nasceram como *startups* e hoje valem alguns bilhões de dólares!

Mas o que nos encanta no caso das *startups?* Arrisco dizer que seja a presença mais evidente do exercício da criatividade e a aplicação da energia do time em busca de soluções para problemas existentes em diversos níveis, uma boa dose de ousadia, um toque de paixão, a sedução das ferramentas tecnológicas, a sensação de estar realizando algo realmente desafiador, o alto nível de comprometimento dos envolvidos, que se engajam fortemente e aplicam seus talentos e seus saberes para fazer o projeto dar certo.

Prata ama as artes circenses. Isso me faz lembrar do Cirque du Soleil, a maior companhia circense do mundo, cuja sede fica em Montreal, que leva a arte, a beleza e a magia com extrema originalidade, encantando plateias do mundo inteiro. Cirque di Soleil é um dos mais estudados casos de empresa fiel aos seus propósitos, regida por valores e que mantém incríveis níveis de excelência.

E por que admiramos o esforço do jovem Prata para produzir e vender seus *brownies*? Provavelmente, em função da causa que o anima, do propósito da sua pequena empresa, ainda que doméstica, ainda que informal, criada para oferecer uma opção deliciosa de lanche para os colegas, ao mesmo tempo em que torna possível seu projeto de graduação como engenheiro. Um propósito que se torna palpável para todos os que conhecem sua história.

Mas não deveria ser assim também com os demais atores do mundo corporativo? Por que há um sentimento difuso de desconfiança e até mesmo de rejeição, principalmente entre os jovens que relacionam o mundo dos negócios à ganância, à exploração, ao aumento da desigualdade e às agressões ao meio ambiente, por exemplo?

O EQUÍVOCO DO LUCRO A QUALQUER PREÇO

Por que aquilo que nos encanta nas *startups,* no Cirque di Soleil e nas iniciativas de empreendedorismo doméstico, como a do jovem Prata, se perdeu na história de grande parte das empresas? Onde foram parar a paixão, a orientação para um propósito maior, o sentido do bem comum, o espírito empreendedor, a arte, a beleza, a excelência, a ousadia, o senso de realização? Por que esses valores se perdem?

Seria pelo tamanho das corporações? Somente as grandes se corrompem e se desviam do seu propósito inicial? Seria esse o motivo de uma grande fabricante de automóveis, com unidades em vários continentes do planeta, ter criado um *software* que, instalado na central eletrônica dos seus veículos, alterava as emissões de poluentes para enganar os testes feitos em vistorias, num escândalo que veio à tona em 2015? Empresas pequenas não se valem de práticas desonestas?

Certa vez, o dono de um boteco me confessou que, para aumentar sua margem de lucro, na calada da noite, pegava uma garrafa de cachaça barata e, com a ajuda de um funil, vertia seu conteúdo em uma garrafa usada de uma cachaça mais cara. Segundo ele, o cliente confiava no rótulo e nem percebia a diferença do sabor, principalmente depois de alguns goles, chegando a pagar o dobro do preço justo, sem saber.

E se nosso amigo Prata, pensando em ampliar seus ganhos, resolvesse fazer uma "parceria" com um amigo do supermercado da esquina e passasse a fabricar seus *brownies* com produtos já vencidos, adquiridos a um preço bem mais em conta do seu novo fornecedor, que assim também estaria se "beneficiando" ao "reaproveitar" a mercadoria já vencida?

Em um negócio caseiro, no supermercado do bairro, no boteco da esquina, numa montadora de automóveis de alcance global, em uma multinacional qualquer – não importa – os melhores propósitos, os mais nobres valores, os princípios éticos, os compromissos sociais são fortemente corrompidos quando se adota a filosofia do lucro a qualquer preço.

Essa é a verdadeira origem da péssima imagem que temos de certas empresas e que às vezes se torna uma visão generalizada do mercado e da forma como funcionam os negócios. O mal não está em ter lucro. Para continuar produzindo seus *brownies* e financiar seus projetos pessoais, o jovem Prata precisa ter lucro. Para que uma *startup* consiga atrair investidores e oferecer suas soluções para um mercado mais amplo, ela precisa ser potencialmente lucrativa. Para que uma indústria possa continuar produzindo e aprimorando seus produtos, oferecendo empregos a milhares de famílias, ela precisa dar lucro. O pequeno agricultor precisa ter lucro, ou desistirá de produzir. O problema começa quando o lucro é o fim em si mesmo e maximizá-lo é só o que importa.

Esse modo de pensar, no qual para maximizar os lucros uma empresa passa a justificar todos os meios, é, em última análise, o que traz à tona o lado mais cruel do sistema, que se reflete no modo como explora os recursos naturais, na forma como trata seus colaboradores, parceiros, clientes e fornecedores, em seu modelo de crescimento, em suas peças de *marketing* e propaganda, em que tudo será válido, até mesmo distorcer informações, desde que aumentem as vendas e o lucro.

Em um modelo de mercado como esse, o ambiente interno das empresas também se contaminará. Como se diz no popular, por altos prêmios, vantagens e bônus financeiros, "vende-se a alma ao diabo".

E é exatamente esse cenário que uma grande parte de nossos jovens abomina.

EMPRESAS SÃO FEITAS DE PESSOAS

Se é verdade que as empresas são uma das forças organizadoras da sociedade, é verdade também que a maior força organizadora das empresas são as pessoas.

Se é verdade que o mercado ainda se parece muito com o cenário cinza e malcheiroso que eu descrevi acima, não é menos verdade que essa forma de encarar os negócios está mudando. E está mudando, em grande parte, justamente com o concurso das novas gerações. Gerações que foram precedidas por pensadores, estudiosos, pesquisadores, cientistas e autores diversos citados nas páginas deste livro - muitos ainda na ativa - que são estudados nas mais importantes universidades do mundo, influenciando empreendedores, gestores e diversos agentes do mercado. Gerações que começam a chegar agora ao mercado de trabalho, ou que já estão assumindo seus primeiros cargos de gestão.

São vocês que mudarão essa realidade! Vocês têm a força, lembram? Mas lembrem também que as coisas mais importantes levam tempo, dão trabalho, demandam foco, persistência, tensão criativa, recursos emocionais, mentais e intuitivos, visão e propósito. Uma transformação neste nível, com tantas implicações, só será possível quando tivermos um volume de massa crítica – pessoas lutando pela mesma ideia – suficiente para mudar as regras do jogo.

MUDANÇA DE CULTURA

Quando eu era criança todo mundo andava de carro sem cinto de segurança. Os cintos ressecavam e estragavam por falta de uso. Quando seu uso se tornou obrigatório, as pessoas precisavam ser multadas para levar o assunto a sério. Campanhas de conscientização foram lançadas, demonstrando através de bonecos com dimensões humanas as consequências terríveis de um acidente para os ocupantes sem cinto. Hoje a gente simplesmente não consegue dirigir sem o cinto de segurança. É como se estivéssemos nus sem ele. Virou hábito. Virou cultura.

Será fácil mudar a cultura vigente no mercado? Não! Não será fácil, nem rápido. Se a maioria de nós, seres humanos, ainda apresenta um nível tão baixo de autoconsciência, como esperar que nossas empresas sejam empresas conscientes?

Estudos apontam que cerca de 25% da população mundial encontra-se no nível egocêntrico do desenvolvimento moral, em que o que importa sou eu e meus próprios interesses; 65% estagia no nível etnocêntrico, em que o que importa sou eu, minha família, minha empresa, minha equipe, os que pensam como eu, os que torcem para o mesmo time que eu, os que votam como eu; apenas 9% está no nível pluralista, em que se consideram os direitos e as necessidades de todos os grupos ou tribos, e apenas 1% alcançou o nível mundicêntrico, em que se consideram todas as pessoas, vistas de forma holística e integrativa.

Com tanta gente pensando só em si mesma ou cuidando apenas dos seus, dá para entender porque o mundo está como está, não é?

Nossos sistemas políticos, nossos modelos econômicos, nossa estrutura social, nosso sistema educacional, todos eles ainda estão fortemente baseados em valores egocêntricos ou, na melhor das hipóteses, etnocêntricos. Essa mentalidade se reflete em tudo o que produzimos coletivamente, inclusive na forma como funcionam o mercado e as empresas. Pessoas crescem sendo condicionadas por esses paradigmas e reproduzem tais valores na forma como atuam.

Sentem-se o tempo todo ameaçadas pela ideia da escassez, sentem-se inferiores ao compararem-se com os padrões de sucesso fabricados por esse modelo de sociedade, sentem-se inseguros quanto ao futuro em um mundo de relações líquidas que deriva de conexões superficiais e da falta de confiança que se instala, e assim se comportam agressivamente, colocam-se na defensiva, apegam-se ao poder, vivem em constante estado de estresse e são infelizes. Pensando dessa forma, sentindo desse jeito, comportando-se de acordo com esse estado interior tão pesado, criam um clima organizacional igualmente complicado, que se reflete na forma como a empresa se organiza e no jeito como se relaciona com seus fornecedores, parceiros, clientes e colaboradores. E assim está criado o círculo vicioso.

Presos nesse furacão de condicionamentos negativos, como podem as pessoas romper padrões tão arraigados e se transformarem em agentes de mudança?

Essa virada de mesa só será possível se formos capazes de transcender esses condicionamentos e nos colocarmos em condições de analisar as questões não mais a partir desses pontos de vista tão contaminados, mas exercitando a autotranscendência preconizada por Viktor Frankl, que estudamos no capítulo 2, ou seja, indo além até mesmo de nossos interesses pessoais.

No livro "Os 7 Hábitos das Pessoas Altamente Eficazes", Stephen Covey elabora a ideia do *continuum da maturidade. Segundo ele, e*sse caminho se faz a partir do estágio da dependência, passa pela independência e alcança seu ápice na interdependência.

Na dependência, como é fácil concluir, eu dependo do outro. É o estágio da criança ao nascer. É como nos posicionamos, por exemplo, quando iniciamos uma nova tarefa. É onde ficamos quando não amadurecemos. O pronome mais usado é o você. Você cuida de mim, você me ensina, você me ajuda, você é o culpado, você precisa resolver. Até certo ponto e durante certo tempo, é um estágio natural, mas quem se mantém nesse estágio acaba se conformando ao papel de vítima, e se acomoda na posição de quem não pode fazer nada para mudar.

Na independência – o estágio mais cultuado e valorizado pela nossa sociedade – o pronome mais utilizado é o eu. Eu posso, eu consigo, eu conquisto, eu faço e aconteço, eu sou o melhor. Seu lado positivo é o desenvolvimento da autonomia e do protagonismo. Seu lado sombra é a arrogância e a ilusão da autossuficiência.

No processo de sair da dependência para a independência, segundo Covey, acontece a vitória particular. No entanto, a vitória pública, aquela em que a pessoa consegue estabelecer e manter relacionamentos eficazes e construir o mundo melhor que todos desejamos, esta só acontece quando se caminha para a interdependência. Nesse estágio o ser humano finalmente percebe que estamos todos conectados e somos absolutamente interdependentes. Todo mal, toda injustiça, toda espécie de exclusão e desrespeito a qualquer pessoa do planeta nos afeta de alguma forma. Nossos atos particulares afetam o coletivo. O pronome mais utilizado é o nós: nós podemos fazer, nós construímos juntos, nós combinamos nossas forças e talentos pelo bem comum, nós buscaremos juntos uma solução que seja melhor para todos.

Não é difícil perceber que pessoas e empresas ainda têm um longo caminho a percorrer, mas, para mim, o mais importante é que já estamos começando a trazer essas questões para o nível da consciência. É fascinante saber que essa caminhada já começou e que não estamos sozinhos nessa empreitada. Como venho tentando demonstrar, há muita gente séria empenhada em contribuir para essa mudança de cultura.

Um dia esse modelo predatório e desumano de fazer negócios que hoje predomina será coisa do passado. Já existem estudos diversos sobre empresas que se mantêm fiéis aos seus propósitos superiores e são dirigidas por valores que primam por garantir que todas as partes interessadas saiam ganhando, inclusive a comunidade e o meio ambiente. Pouco a pouco, esses estudiosos vêm demonstrando que essas empresas estão tornando-se mais lucrativas e sustentáveis a longo prazo.

Mas até lá será necessário fazer o trabalho do dia a dia: lidar com os recursos possíveis, marcar presença – estar presente, partindo da realidade atual em direção ao estado desejado sem perder de vista o senso de propósito. Não existe filtro, nem efeitos especiais, nem fórmula mágica, nem pílula de efeito imediato. É um processo lento, um trabalho minucioso de construção – nem drama, nem terror, nem romance: uma verdadeira aventura!

Você é, sim, um agente influenciador nesse processo. Você pode começar fazendo com excelência o seu trabalho, não se deixando corromper, não praticando pequenos desvios, posicionando-se de acordo com seus valores, contribuindo para um bom clima em seu ambiente de trabalho, tratando seus colegas com respeito, não se rendendo aos jogos do tipo "puxada de tapete", propondo novas formas de fazer as coisas, apoiando o desenvolvimento de outras pessoas, compartilhando conhecimento, aproveitando as experiências para desenvolver seus talentos enquanto se prepara para voos mais altos.

EMPREGO, CARREIRA E MISSÃO

Richard Barret, um dos meus autores favoritos, em seu livro "Libertando a Alma da Empresa", sugere uma interessante maneira de classificar a nossa atitude básica em relação ao trabalho: trabalho como emprego, trabalho como carreira e trabalho como missão.

> **Emprego.** Um emprego primeiramente está relacionado à segurança a curto prazo. Utilizamos nosso tempo, nossa energia e nossas habilidades para conseguir dinheiro para sobrevivência e satisfação. Um emprego preenche nossas necessidades físicas e emocionais.
>
> **Carreira.** Uma carreira primeiramente se refere à segurança a longo prazo. Utilizamos nosso tempo, nossa energia, nossas habilidades e nosso conhecimento para progredir em níveis mais altos de *status* e ganhar potencial. Conseguimos conforto, segurança e oportunidade de aprender e crescer. Também conseguimos um sentimento de realização. A carreira preenche nossas necessidades físicas, emocionais e mentais.
>
> **Missão.** Uma missão é eterna. É trabalho que corresponde à nossa paixão interior. Oferecemo-nos mais profundamente. Em troca, encontramos significado. Nossa intuição e criatividade ganham vida. Quando nosso trabalho é também nossa missão e temos um patrão que nos trata bem, temos uma oportunidade de encontrar realização pessoal. (BARRET, p. 50).

No livro citado, Barret analisa e aprofunda essas questões do ponto de vista da empresa, mas aqui eu gostaria de analisá-las do ponto de vista do empregado – mais especificamente, do jovem empregado ou candidato ao emprego.

Voltando ao jovem Prata, eu não posso decidir por ele. Nem eu, nem você. Eu não sei se ele deveria ou não aceitar aquele emprego no banco. A decisão é dele. Trata-se de uma escolha – ele terá que pesar os prós e os contras e fazer a sua. Por isso, peço licença para usar a minha própria história como pano de fundo nesta análise. Sinceramente, eu mesmo já perdi algumas boas oportunidades de ganhar dinheiro por considerar que os valores em jogo conflitavam com os meus valores pessoais, ou com o meu propósito. Na verdade, isso acontece até hoje. Portanto, não estou aqui para criticar o Prata.

Mas também é verdade que quando eu comecei a trabalhar, ainda bem jovem, meu objetivo era conseguir um emprego e ponto. Era isso ou não haveria condições de fazer uma faculdade, por exemplo. Obter e manter um emprego foi tudo o que eu pude querer por alguns anos, enquanto estudava e amadurecia minhas ideias e meu propósito.

Quando passei a fazer parte do quadro de funcionários de uma grande instituição financeira, através de concurso, ainda era o emprego que eu buscava. Dessa vez, um emprego mais seguro e com um salário bacana, que me permitiria ajudar mais efetivamente a minha família. Eu não pretendia fazer carreira no banco. Pensando bem, eu tinha muita coisa em comum com o nosso Prata: fazia teatro, tocava violão, escrevia poesias, fazia trabalho voluntário, dava palestras, adorava organizar estudos – não sonhava ser bancário. Não enxergava sentido em trabalhar naquele tipo de empresa. Por outro lado, fui sentindo como era bom poder ajudar mais em casa, como era ótimo ter dinheiro certo entrando na conta todo dia 20, como era uma tranquilidade ter um bom plano de saúde, como era sensacional poder desfrutar do vale-refeição. Se você se lembrar da hierarquia das necessidades humanas de Maslow, que comentamos no capítulo 4, compreenderá que aquele emprego em uma empresa que não era a dos meus sonhos passou a garantir a satisfação dos níveis mais básicos da minha pirâmide.

Depois constituí minha própria família, tive filhos, as responsabilidades aumentaram, e mesmo de forma relutante, me apeguei à segurança e ao conforto que a empresa me proporcionava e assim fui ficando, mas sempre pensando, a cada ano, que aquele seria o último.

Paralelamente, tentei vários pequenos empreendimentos: fazer e vender bombons, envasar e comercializar mel, transportar coisas (comprei até uma Kombi!), escrever peças publicitárias, compor *jingles* comerciais, fotografar produtos e, finalmente, abrir um estúdio de fotografia. Em todos eles eu errei muito e aprendi muito também!

Com 16 anos de banco eu ainda pensava em sair, mas, à essa altura, minhas responsabilidades e compromissos eram muito grandes, eu já estava fazendo uma carreira na empresa e não me sentia no direito de jogar tudo para o alto e deixar minha família em maus lençóis. Cheguei então a supervisor, e durante um evento em minha unidade eu confessei à minha gestora que meu sonho era ser instrutor, dar palestras e treinamentos. Ela olhou para mim e disse: "Então, que tal organizar uma palestra para o nosso próximo encontro mensal com todos os supervisores da região?" E ali, finalmente, com quase 40 anos de idade, eu comecei a efetivamente definir o meu propósito de vida e a encontrar sentido naquele trabalho, carreira que eu desenvolveria por mais 15 anos.

Embora fosse um trabalho que extrapolava minhas funções normais, passei a organizar palestras e pequenos treinamentos de forma voluntária dentro do banco. Ao mesmo tempo, como se o universo abrisse os caminhos, comecei a dar treinamentos nos finais de semana para pequenas e médias empresas da região.

Encontrei meu trabalho missão. Subia os degraus da pirâmide de Maslow. E, embora eu nunca tenha me tornado oficialmente um instrutor daquela instituição financeira, esse trabalho desempenhado espontaneamente acabou, por caminhos diversos, me levando à função gerencial, o que me fez trabalhar na prática com o desenvolvimento de pessoas, imprimindo nova motivação à minha carreira, aproximando-me da minha missão e favorecendo a minha profissionalização como palestrante e treinador fora da empresa.

Todo esse caminho exigiu amadurecimento (e só hoje eu vejo o quanto era imaturo quando já me achava "o cara", aos vinte e poucos anos de idade), contou com o apoio amoroso de muitas pessoas, recebeu a contribuição de alguns mentores que tive o prazer de conhecer pelo caminho e levou tempo para se consolidar.

Percebo que alguns jovens enfrentam dilemas parecidos com o do nosso amigo Prata porque desejam tanto trabalhar com seu propósito e com o que consideram sua missão, que não conseguem aceitar a ideia de ter apenas um emprego no início. Alguns sonharam tanto com um trabalho onde pudessem causar impacto, ajudar pessoas e salvar o planeta, que lhes parece pequena demais a alternativa de um primeiro emprego comum.

Eu entendo que sintam assim. Mas, quem sabe devessem aprender com Peter Senge a transformar o hiato entre a realidade e o sonho em tensão criativa, preparando-se para criar a realidade que desejam? Talvez pudessem inspirar-se em Viktor Frankl e encontrar o sentido naquele primeiro emprego, lembrando que quem tem um porquê suporta qualquer como e, assim, aprender todo o possível com aquela situação, tendo em vista o seu propósito maior. Ou, ainda, compreender com Richard Barret que aquele é tão somente um emprego, que garantirá a satisfação dos primeiros níveis da pirâmide de Maslow, representando apenas os primeiros passos rumo ao cumprimento da sua missão.

Quem sabe pudessem adotar os princípios do Coaching e, partindo do seu estado atual, aproveitar os recursos disponíveis, analisar as possibilidades e traçar um plano de ação para seguirem com maior eficácia rumo ao seu objetivo?

Talvez sua ideia de trabalho impactante tenha sido muito romantizada. Lembram-se do Tobias? Ele queria ser médico para poder cuidar de pessoas. Provavelmente imaginou trabalhar na Cruz Vermelha ou no Médicos Sem Fronteiras. E acabou descobrindo que poderia estar como fisioterapeuta numa enfermaria de bairro cuidando de um velhinho e sentindo uma enorme satisfação pessoal por isso. E quem disse que um dia não estará numa dessas organizações humanitárias?

Talvez seja apenas a ansiedade falando mais alto. Há tantos sonhos, tantos projetos, tantos ideais habitando sua alma, tanto desejo de fazer algo significativo e aderente aos seus valores, que no curto prazo eles não estão conseguindo definir seus caminhos com tranquilidade. Porém, quem pode decidir por eles? Eu não posso. Nem você.

Eu também não queria trabalhar em um banco, mas hoje, quando revisito a minha história e reencontro colegas que trabalharam comigo, constato que consegui manter-me fiel aos meus valores a maior parte do tempo e que ofereci minha contribuição, ajudando a semear uma proposta mais humanizada de trabalho. Quero crer que a empresa tornou-se um pouco melhor com a minha influência e que este foi o meu legado.

O que fiz não pode ser tomado como receita. Foi o que eu soube fazer, o que eu escolhi fazer. Seu caminho pode ser outro. Minha intenção é gerar *insights,* provocar reflexões e contribuir para escolhas mais conscientes.

EMPRESAS DO FUTURO

Antes de falar do futuro, é importante dizer que já existem muitos empreendedores, grandes, médios e pequenos, preocupados em proporcionar ambientes mais saudáveis de trabalho. Não é mais segredo que o bem-estar dos colaboradores interfere nos resultados da empresa. E embora esse cuidado ainda possa ser considerado uma iniciativa com "segundas intenções" (impactar positivamente no resultado), já representa um avanço num mercado em que tão poucas realmente estão atentas a essas questões.

Avançando um pouco mais, outras empresas já perceberam que oferecer massagem de relaxamento, mesa de *ping-pong,* lanches saudáveis, *puffs* macios na sala de repouso e possibilidade de trabalho remoto, é muito bacana, realmente agrada, porém ainda não é o suficiente para gerar os níveis de engajamento e excelência que se quer. Para que uma empresa, assim como vimos em relação a nós mesmos, alcance o desenvolvimento pleno de seu potencial, o que mais engaja e cria sinergia é o sentido de propósito. Ter um propósito bem definido e saber contratar pessoas que acreditem naquele propósito é um dos maiores potencializadores de bom desempenho, comprometimento e bons resultados. Nessas empresas, obviamente dirigidas por valores superiores, o paradigma dominante é o ganha/ganha. Um negócio só é bom se todas as partes envolvidas, incluindo a comunidade e o meio ambiente, saírem ganhando, mesmo que para isso a empresa lucre menos do que lucraria pontualmente em um modelo predatório, o que será compensado a médio e longo prazo, pois empresas assim duram mais tempo e atraem mais fãs no mercado. E se algumas empresas guiadas por valores mais humanizantes ainda não conseguem perpetuar-se neste mercado predatório, não significa que foram vencidas pela realidade, mas que a realidade ainda está sendo transformada.

Já existem também muitas empresas propondo novos modelos de negócio com forte impacto positivo socioambiental. Há o chamado empreendedorismo social, que em resumo são negócios lucrativos que resolvem problemas sociais por meio da venda de produtos ou serviços.

E como o jovem Prata é um amante da arte circense, nada mais apropriado que citar o excelente exemplo que temos aqui mesmo no Brasil, a famosa ONG Doutores da Alegria, fundada por Wellington Nogueira, um cara que foi educado para ser médico, mas optou pelo teatro musical, tornou-se palhaço e acabou fundando um dos mais famosos, inspiradores e bem-sucedidos empreendimentos sociais do País.

Há empresas experimentando formas criativas de vincular seu lucro a uma causa. Um exemplo interessante é encontrado no livro "Comece Algo Que Faça a Diferença", que conta a história de Blake Mycoskie, fundador da TOMS Shoes, uma das empresas de calçados que mais cresce no mundo, e criador do revolucionário modelo de negócios *One For One*.

Blake, que já havia passado por outras experiências de empreendedorismo, inclusive *startups*, tentou e conseguiu unir lucro, paixão e propósito. Sua empresa doa um par de sapatos para uma criança necessitada a cada par de sapatos vendido. E vai muito bem, obrigado! Sabe por quê? Porque é uma daquelas empresas que não tem clientes, tem fãs e seguidores, pessoas que abraçam a sua causa e que consomem seus produtos até mesmo se tiverem de pagar um pouco mais por eles.

O projeto *One For One* vai pouco a pouco aumentando sua abrangência. A cada unidade vendida do livro "Comece Algo Que Faça a Diferença", um livro novo é doado a uma criança necessitada. E o mesmo acontece com uma marca de óculos, que oferece tratamento de olhos, óculos e até cirurgia a pessoas carentes, ou com uma marca de café, que garante uma semana de água potável para comunidades sem água encanada, a cada pacote de café vendido – todas com o mesmo efeito perante o seu público.

Acredite, pesquise: há muitas iniciativas trabalhando pela transformação da nossa sociedade.

O FUTURO DAS EMPRESAS

Ah, sim! Eu deixei para o final a melhor parte e espero que você também se apaixone pela ideia. Ela não é minha. É do professor Luciano Alves Meira, a quem muito admiro e com quem compartilho muitos pontos de vista.

Em seu excelente livro "A Segunda Simplicidade", cuja leitura recomendo fortemente, o professor Luciano afirma o seguinte:

> A verdadeira virada humanizante só chegará (se um dia chegará) quando começarmos a pensar que todas as Organizações precisam assumir perante a sociedade duas declarações: uma de propósito e outra de missão. A primeira seria o que podemos chamar de uma declaração geral, por ser igual para todas. E a segunda declaração poderá ser a missão específica, que distingue cada uma em sua esfera de atuação e no seu campo de especialidade.
>
> Esse propósito primário e geral afirma que todas as Organizações, de todos os setores, necessitam se tornar **Escolas de Florescimento Integral do Potencial Humano.** Para que o termo fique mais econômico, e facilmente pronunciável, podemos dizer apenas que, um dia, todas as Organizações se tornarão Escolas de Florescimento, seja porque essa será a única forma de engendrar resultados superiores e sustentáveis, seja pela razão mais óbvia ainda de que **não podem existir resultados mais importantes do que o próprio crescimento das pessoas.** (grifos nossos).

No futuro que eu e você ajudaremos a construir a partir do hoje, semeando as bases que sustentarão um novo modelo de sociedade, não haverá nada mais importante que promover o desenvolvimento pleno nos potenciais humanos. Haverá a união do sentimento e do conhecimento, integrando todas as nossas dimensões de forma harmônica, o que se refletirá em nossa visão holística que surgirá da ampliação da nossa consciência.

Nesse futuro ainda difícil de imaginar, pessoas e empresas contribuirão consciente e intencionalmente para criar e manter um mundo mais justo, mais próspero e sustentável, onde todas as atitudes estarão subordinadas a valores e princípios que constituirão uma ética universal.

Será a era do amor incondicional, muito distante das expressões egoísta e etnocêntricas do presente. No futuro que sonhamos e que a análise do desenvolvimento humano nos permite projetar, uma empresa não deixará de investir no desenvolvimento dos seus colaboradores com medo que aquele investimento seja utilizado por eles em um concorrente qualquer, numa eventual mudança de emprego.

Ao contrário! As empresas estarão sempre se perguntando: como podemos assegurar que qualquer um que deixe a nossa organização saia como uma pessoa melhor? Pois, vencidos os degraus anteriores da Pirâmide de Maslow, teremos como aspiração máxima o pleno desenvolvimento do potencial nosso e de todas as pessoas.

Contudo, para chegarmos a esse nível, precisamos todos ampliar a nossa consciência a caminho da verdadeira sabedoria. Pessoas mais conscientes tornando-se colaboradores mais conscientes, criando uma cultura organizacional mais consciente, construindo empreendimentos e empresas mais conscientes, influenciando e sendo influenciadas por um conjunto de sistemas mais conscientes também. Precisamos lembrar, como diz Richard Barret, que "a mudança integral de um sistema começa com a mudança na consciência individual e termina com uma mudança nas ações e comportamentos de um grupo". (Barret, R. Criando Uma Organização Dirigida por Valores, p. 33 etc.).

Como podemos desejar empresas conscientes se não nos transformarmos em pessoas igualmente conscientes? Eu costumo provocar meus alunos dizendo: vocês admiram o fato de um lixeiro na Dinamarca trabalhar apenas quatro horas por dia e ter tempo para se dedicar a outras atividades, como artes, esporte ou cuidados com a família, recebendo dignamente pelo seu trabalho, certo? Mas, quantos de vocês separam o lixo em casa? Quantos se preocupam em embalar com cuidado os resíduos domésticos para facilitar e tornar mais seguro o trabalho dos coletores? Quantos realmente não jogam lixo na via pública? Como é que um lixeiro poderia trabalhar menos horas em um país em que as pessoas tratam o lixo de forma tão inconsciente e tratam o que é coisa pública como se fosse privada? (*não resisti ao trocadilho*). E quase sempre aparece alguém para dizer que, se ele não sujasse tanto as ruas, haveria menos emprego para os lixeiros. E eu respondo: se você não produzisse tanto lixo desordenado, tratar o lixo demandaria menos tempo e os lixeiros teriam mais horas disponíveis para estudar, praticar esportes ou tocar instrumentos, por exemplo. E isso tornaria necessária a formação de mais professores, fabricantes de caderno, vendedores de instrumentos, lojas de produtos para pintura e outros empregos que substituiriam a força de trabalho aplicada apenas para tirar da nossa casa o lixo que produzimos. Da mesma forma, uma sociedade que tratasse e reaproveitasse a maior parte do seu lixo geraria empregos em empresas de reciclagem e em indústrias que fabricam produtos com material reciclado. Haveria menos vagas para lixeiros? Sim. Mas seriam criadas outras muito mais interessantes.

Gosto de citar o exemplo do lixo porque lixo representa aquilo que não serve mais, que a gente descarta e não quer nem saber o que acontece depois. Porém, essa é uma das questões que mais servem para demonstrar o quanto ainda estamos inconscientes das consequências de nossos pequenos atos. A embalagem do produto que você comercializa poderá afetar nosso ecossistema; o lixo que você produz em casa ocupará espaço nos aterros já esgotados em suas capacidades, contaminando o solo e os lençóis freáticos; o lixo que você descarta em via pública entope bueiros e causa inundações, que provocam acidentes e transmitem doenças; o plástico que chega até o mar, ao ser transportado pelas correntes oceânicas, causa a morte de animais marinhos até mesmo em regiões totalmente desabitadas por seres humanos.

Eu poderia passar o dia ilustrando esses e outros exemplos, mas tenho certeza que você já entendeu que não podemos apenas esperar que respeitem nossos direitos e desejos. Precisamos também fazer a nossa parte.

Eu gostaria de fazer um convite a você: vamos juntos criar o mundo que tanto desejamos?

UM MUNDO DE POSSIBILIDADES EXPONENCIAIS

Você acha que somos pequenos demais para isso? Então, eu gostaria de finalizar destacando que já existem mudanças importantes em curso, muitas delas patrocinadas por jovens como você. Vem ganhando cada vez mais espaço entre os jovens o estilo de vida colaborativo, o compartilhamento de bens, equipamentos e experiências, o financiamento coletivo de projetos, movimentos de consumo responsável ou consumo consciente, a preocupação com a pegada ecológica.

É uma lenta, gradual e inexorável mudança de modelo mental. Se por um lado nosso sistema econômico e o mercado como um todo se funda no paradigma da escassez, protegendo-se através do controle, da concentração de renda, da força do poder econômico, dos monopólios e do combate declarado ou disfarçado aos "diferentes", cujas propostas contrariam o interesse dos que se beneficiam desse modelo, por outro, a tecnologia produzida por esse mesmo sistema colocou-nos todos em rede e nos ajudou a perceber que, além dos limitados recursos naturais e tecnológicos, possuímos recursos ilimitados e extremamente poderosos.

Para Lala Deheinzelin, consultora em economia criativa, pela primeira vez na história temos praticamente todos os recursos necessários para fazer tudo o que desejamos. Mas, geralmente não fazemos, pois, segundo ela, condicionados pela cultura focada na escassez, não enxergamos possibilidades, não acreditamos que é possível e, como resultado, nem tentamos. Ao falar sobre a criação de comunidades criativas e colaborativas, Lala propõem que deixemos de focar apenas no patrimônio tangível, quase sempre representado pelo dinheiro e pelos recursos tecno-naturais, e acrescentemos os recursos intangíveis. Se o mundo tangível cresce linearmente, o universo intangível tem o potencial de multiplicar-se exponencialmente, cabendo a nós criar as condições para que isso aconteça.

Entre os ativos intangíveis estão os futuros desejados, os símbolos, as crenças, as experiências, a vida interior, a vontade de sentido, as linguagens artísticas, a história, os mitos, as curiosidades, o conhecimento, os frutos do saber e da criatividade, que são recursos infinitos.

Olhe para você e você perceberá que é rico desses recursos. Medite um pouco mais e, provavelmente, começará a compreender que você, como ser humano, é maior do que qualquer sistema econômico, financeiro ou político. Esses sistemas e todas as organizações que deles derivam precisam, portanto, estar a serviço do seu, do meu, do nosso bem-estar. A máquina de produzir dinheiro não pode valer mais que a vida humana. Não faz sentido! Nós somos os criadores desses sistemas, nós temos os recursos realmente ilimitados e não podemos nos apequenar, deixando-nos ser devorados por nossa própria criação. É hora de recriar nosso modelo de sociedade!

No modelo 4D proposto por Lala, encontramos o Ciclo Virtuoso da Abundância. Neste modelo os patrimônios intangíveis (dimensão cultural) tornam-se visíveis e operacionais graças às tecnologias da comunicação e da informação (dimensão ambiental), compondo estruturas virtuais de economia compartilhada que resultam num ambiente colaborativo (dimensão social), onde modelos distribuídos de negócios e a organização da sociedade em rede geram prosperidade e riqueza social, cultural, econômica e ambiental (dimensão financeira).

Na dimensão social o fazer coletivo promove o grande salto exponencial. Nela se encontra tudo aquilo que promove a ação do coletivo – conexões, contatos, acessos e sinapses que permitem e favorecem as causas compartilhadas, os grupos de pertencimento, as instituições, os partidos, as agremiações, as articulações e as alianças mobilizados em prol do desejo e dos interesses coletivos.

CONEXÕES QUE SE ESTABELECEM PARA GERAR O BEM COMUM E MULTIPLICAR AS OPORTUNIDADES

Parafraseando a consultora, se no mundo tangível há apenas um caminho entre eu e você, no mundo intangível das redes haverá múltiplos caminhos para a nossa conexão, ampliando todas as possibilidades.

Tecer e ampliar essas redes é focar na abundância e gerar prosperidade. É algo tão poderoso que apenas 1% das pessoas conectadas e articuladas já é capaz de produzir um efeito vitalizador nas sociedades.

Então, o que estamos esperando?

Eu espero que faça sentido para você. E se você quiser saber um pouco mais sobre as ideias do professor Luciano Alves Meira, poderá entrar em contato com muitas das suas produções acessando o *blog* da Caminhos Vida Integral, pelo QR Code abaixo:

RESPONDA:
DE QUE LADO DA FORÇA VOCÊ ESTÁ?

Finalmente chegou o dia.

Às quatro e meia da manhã ela já estava de pé. Não tinha fome, mas comeu alguma coisa por insistência da mãe.

Sua cidade ficava a pouco mais de cem quilômetros da capital, onde seria a entrevista.

Revisou os documentos, conferiu se o celular estava carregado, checou a maquiagem, reviu o trajeto que faria e em poucos minutos despedia-se de seu pai na escadaria da rodoviária.

- Boa sorte, filha! Seja apenas você – disse ele com aquele aperto no coração, solicitando ao motorista do Uber que retornasse pela mesma avenida por onde vieram.

Ela embarcou ainda sonolenta. Poltrona 15, na janela. Às cinco horas e trinta minutos seu ônibus deixava o centro da cidade para pegar a estrada logo mais.

O céu ainda estava escuro, mas a ansiedade não permitiu que ela voltasse a dormir. Ainda trocou mensagens com a mãe, tentando tranquilizá--la. Era a primeira vez que ia para São Paulo de ônibus sozinha desde que o pai vendera o carro. Colocou os fones de ouvido e começou a respirar profundamente, como havia aprendido nos vídeos de meditação.

Linha azul, depois linha verde e por volta das oito e trinta e cinco desembarcou em uma estação de metrô da Avenida Paulista. Acionou o Google Maps para não errar o caminho.

Muita coisa passou pela sua cabeça enquanto caminhava. Ela havia se formado há poucos meses. Tinha um emprego comum em uma empresa pequena da sua cidade. Gostava das pessoas de lá, mas procurava oportunidades de crescimento na sua área de interesse. Aquela entrevista nasceu de um contato pelo LinkedIn quando ela menos esperava. Era uma empresa que estava chegando ao Brasil e procurava jovens talentos. Atravessou o Conjunto Nacional, desceu algumas quadras em direção aos Jardins. Observou muitos moradores de rua e surpreendeu-se com tanta sujeira nas calçadas. Achou graça das pessoas tomando café com bolo, de pé, servidos por ágeis ambulantes, quase caindo do meio-fio.

Seu coração já não cabia no peito quando às oito e cinquenta deixava-se fotografar pela "moça" da portaria, tomando o elevador mais próximo que a conduziria à sala de entrevistas cinco minutos antes do horário marcado. Ufa!

Por sorte, havia **coffee break**. Pois, quando terminou a primeira parte da dinâmica, a fome já havia dado as caras e por pouco não teve uma daquelas dores de cabeça que a deixavam muito abatida.

Depois do **coffee**, mais dinâmicas. Em seguida, pausa para o almoço. Novas mensagens trocadas com os pais, reinício dos trabalhos, uma rodada de entrevista coletiva e, finalmente, às quinze e trinta, foi chamada para a entrevista final – individual.

- Raquel – sorriu a jovem que conduzia os candidatos. Por aqui, por favor.

Não foi necessário quebrar o gelo, pois os três entrevistadores ela já havia conhecido nas fases anteriores. Nem foram tantas perguntas. Não durou mais do que dez minutos.

Ao término, um deles fez as considerações de praxe, explicou como seria comunicado o resultado do processo seletivo e perguntou se Raquel necessitava de mais alguma informação.

Houve um momento de hesitação. Ela estava vivamente impressionada com a imponência das instalações e o profissionalismo dos que conduziram o processo seletivo até ali. Sabia que aquele era o momento em que deveria concentrar-se em impressionar positivamente os entrevistadores. Deveria simplesmente agradecer a oportunidade.

Mas depois de horas sendo avaliada, observada, medida e analisada, ela sentiu que não faria sentido sair dali como se fosse um objeto em exposição em vias de ser adquirido, descartado, guardado em um depósito ou enviado para outra galeria.

A Neurociência vem comprovando que nosso cérebro toma decisões antes mesmo que a gente se dê conta de que foram tomadas. Ele escaneia o ambiente, analisa reações e expressões alheias, interpreta sinais, faz conexões emocionais baseadas em crenças e em experiências já vividas, processa e reprocessa informações lógicas, aplica os recursos instintivos e intuitivos, tudo em frações mínimas de tempo. E por isso nem sempre conseguimos explicar cartesianamente porque reagimos desta ou daquela maneira. Foi assim que aconteceu com Raquel.

- Sim - disse, olhando nos olhos do entrevistador. Pra falar a verdade, eu tenho uma questão importante que ficou mal esclarecida. Eu bem que procurei no site da empresa, mas não encontrei, então aproveito a oportunidade para perguntar: quais são os valores da empresa? No que ela acredita? Que causas ela abraça? Desculpem, mas eu preciso saber para poder avaliar se aceitaria trabalhar para ela, caso seja uma das escolhidas.

No ônibus de volta para casa, ainda agitada, ela não saberia dizer se fez a coisa certa. No entanto, estava orgulhosa de ter feito o que achava ser a coisa certa. Se tantos desejavam mudanças, era preciso agir na direção da mudança. E ela sentia no fundo de seu coração que tinha dado um grande passo.

Lembrou-se do professor de Filosofia, no primeiro ano na faculdade, que começava suas aulas sempre com a mesma pergunta: por que criamos um mundo que não desejamos?

E acrescentou: por que não passamos a ser a mudança que desejamos no mundo?

Gandhi sorriu do andar de cima.

E ela finalmente adormeceu...

Eu me emociono toda vez que releio essa história. Das histórias que compõem este livro ela é a única totalmente inventada. Ela é a expressão de um sonho. Um sonho que não é só meu, mas que carrega as cores de muitos sonhos semelhantes de jovens, pessoas maduras, estudantes, profissionais e mestres que encontrei pelo caminho.

Mais do que isso, é uma história absolutamente verossímil. Não apenas porque eu e você queremos que seja assim, mas porque é a tendência que se desenha no horizonte à medida que mais e mais pessoas se apropriam de um conjunto de valores humanizantes e começam a compartilhar uma visão de futuro onde a cooperação seja a tônica das relações (inclusive nas comerciais), onde o bem-estar e o desenvolvimento das pessoas seja a principal meta, onde os resultados e avanços surjam como consequência natural do nosso engajamento e da nossa união em torno de causas comuns que visem o bem de todos, onde o ambiente de trabalho seja pleno e criativo como costumam ser as atividades artísticas ou instigante como costumam ser as pesquisas científicas, onde a profissão seja o campo natural de realização e aplicação prática de nossos talentos mais caros, onde possamos ser quem somos e o amor sem limites seja o nosso modo de exercitar a espiritualidade.

Já falamos exaustivamente sobre o senso de propósito ligado ao trabalho e que, com a ampliação das consciências, estará de fato vinculado a todas as atividades humanas. Mas sei que muito do que dissemos ainda soa como utopia, apesar das mudanças em curso.

Porém, se aquele é o mundo que desejamos, e se "o caminho se faz ao caminhar", precisamos nos colocar em marcha e começar a operar em nós as transformações que desejamos ver no mundo.

Eu disse que a história da Raquel foi totalmente inventada, mas, para ser justo, preciso admitir que foi inspirada em um fragmento de caso real, em que um candidato à vaga de emprego de fato quis saber quais eram os valores da empresa no momento em que estava sendo avaliado por ela. Eu apenas criei todo um cenário imaginário para poder contextualizar essa sublime ousadia.

Agora pense comigo. O mundo está envelhecendo. Este é um fato estatisticamente estudado e facilmente observável. Muitas pessoas se aposentam ou morrem todos os anos. A cada ano menos casais estão dispostos a ter mais que um ou dois filhos, se muito. Estudos apontam que em 2050 a população mundial com idade superior a 65 anos será o dobro da que temos hoje e teremos quatro vezes mais pessoas com idade superior a 80 anos! Em pouco tempo, muito pouco tempo mesmo, as empresas estarão mobilizando toda a sua força criativa para criar atrativos para os representantes das novas gerações. Em alguns lugares esse já é o cenário.

Se hoje, meu jovem, você ainda precisa "pedir permissão" para promover algumas transformações no ambiente de trabalho, em alguns anos as empresas é que estarão voluntariamente pensando em como mudar para atrair e reter os jovens talentos. A questão é ideológica, é filosófica, é moral, mas também é matemática. Elas vão competir por você e fazer o que for possível para ter você entre os seus colaboradores.

Mas, calma! Não vá "se achando" demais. Há um outro movimento correndo paralelamente. Os avanços tecnológicos, especialmente a inteligência artificial, a robótica, a *internet* das coisas, entre outros, provocarão uma revolução no mundo do trabalho. Grande parte dos empregos que existe hoje não existirá daqui a algumas décadas. Alguns ainda nem foram inventados ou imaginados! Uma competência supervalorizada hoje pode não ter a mínima serventia amanhã.

E pensar que o ingresso na empresa onde vivi a maior parte da minha vida dependeu fortemente de um teste de datilografia! Você sabe o que é datilografia? Já viu uma máquina de escrever? Procure no Google, pois hoje é peça de museu. Aliás, se você pensar bem, seu primeiro celular também é. Ficou rapidamente obsoleto, como muitas das informações e dos conhecimentos que hoje você considera ser o diferencial para garantir a sua empregabilidade...

Pense menos no que você quer receber e mais naquilo que você pode dar. Este é o sentido do sentido: trata-se da contribuição que você pode dar, utilizando seus talentos, seus pontos fortes e seu conjunto de experiência para abraçar uma causa e trabalhar por um propósito. Pois, como já tentamos dizer, as empresas conscientes do futuro vão preferir os colaboradores conscientes também. Não serão consideradas apenas as competências, mas as metacompetências – a capacidade de transcender o senso comum, liderar pela inspiração, manter a automotivação, tornar-se agente de integração, figura de transição, essencial à realização do projeto de um time ou de uma empresa.

Trabalhe, portanto, sua automotivação, aprimore sua competência de autogestão e sua capacidade de aprender continuamente, não descuide do autoconhecimento, não queira ser quem você não é, esteja mais em contato com você mesmo e vivencie com integridade a sua singularidade para ser capaz de estabelecer relacionamentos eficazes e conexões verdadeiras, cooperar e contribuir para a construção de soluções que atendam ao interesse da coletividade, seja na empresa, seja no governo, seja em uma ONG, seja onde for.

Mais do que nunca, será preciso aprender a suspender julgamentos, analisar as informações com a mente livre de preconceitos, ser capaz de entender as situações a partir do ponto de vista do outro (colega de trabalho, cliente, colaborador, fornecedor, parceiro, investidor), acolher a diversidade de coração aberto, estar verdadeiramente disposto a encontrar soluções em conjunto, usando os recursos da mente racional, mas, sobretudo, não negligenciando os recursos da mente intuitiva para escapar das ilusões do Ego.

A noção de propósito estará ainda mais presente. Na média, nós todos viveremos mais. Será comum comemorarmos um centenário de vida. Por outro lado, o avanço da tecnologia, como o aumento do poder computacional, o acesso cada vez mais rápido aos dados, a conexão de pessoa para pessoa e de máquina para máquina, potencializada pela *internet* das coisas, elevará a níveis inimagináveis os trabalhos executados através do uso da inteligência artificial e da robotização, por exemplo, liberando-nos de trabalhos mecânicos e repetitivos. Portanto, vivendo mais tempo e com mais qualidade de vida, liberados de trabalhos que apenas ocupavam nossa "mão de obra", teremos condições ampliadas de exercitar a nossa humanidade. Como profissionais, será esse o nosso diferencial. Um médico, por exemplo, terá a tecnologia ao seu dispor para realizar diagnósticos supercompletos e poderá concentrar-se em cuidar do ser humano acionando os "anjos bons da sua natureza", como diria Abraham Lincoln.

Estaremos conscientes de que a vida humana e o ser humano em si estão muito além dos sistemas e modelos sociais, políticos e econômicos criados por ele, e por isso nosso compromisso não será mais com a empresa – será com a nossa consciência, com o nosso propósito, com a causa que defendemos. Empresas e sistemas estarão a serviço dessas causas, e, acima de todas elas, como defende o professor Luciano Alves Meira, citado em nosso capítulo anterior, a causa do florescimento humano.

Empresas e colaboradores precisarão atuar em parceria, apaixonados pelas mesmas causas, conscientes do que buscam, da forma como atuam, do impacto que causam e dos valores que precisam estar presentes.

E quando, de fato, não perseguirmos mais o lucro pelo lucro, quando cada um alcançar um maior nível de consciência e de espiritualidade, a tecnologia nos permitirá trabalhar menos, com maior produtividade, as sociedades promoverão uma mais ampla justiça social, haverá oportunidade para todos e vai sobrar tempo. Tempo para exercitarmos o melhor que há em nós.

SINAIS DOS TEMPOS

Voltando ao presente, você deve conhecer aplicativos em que se cadastra, informa seu currículo e insere informações sobre o seu perfil para que empresas possam avaliá-lo e decidir se vão chamá-lo para uma entrevista ou não.

Pois saiba que já existe em Portugal, por exemplo, um aplicativo que faz o processo inverso: apresenta o perfil das empresas, com indicadores diversos para que os profissionais à procura do primeiro emprego ou em mudança de carreira avaliem se lhes interessa ou não trabalhar para aquela empresa, considerando seus valores, sua missão, sua visão, sua política de reconhecimento, a forma como está posicionada no *ranking* das avaliações etc. Uma grande mudança de paradigma, não é?

Pois esse é só o começo. E, se você ainda é considerado um sonhador, gostaria que refletisse sobre esta frase de Simon Sinek, autor do livro "Por

Quê? Como Motivar Pessoas e Equipes a Agir", publicada em seu perfil do LinkedIn no dia 16 de março de 2018, justamente quando eu estava escrevendo este capítulo:

> In weak companies the dreamers are expected to serve the planners. In great companies the planners feel inspired to server the dreamers.
>
> *(Em empresas fracas, se espera dos sonhadores que eles sirvam aos planejadores. Em ótimas empresas, os planejadores se sentem inspirados para servir aos sonhadores.)*

Como você já percebeu, sou otimista quanto ao futuro. Você deve ser também, ou provavelmente não teria chegado até aqui.

Meu trabalho é ajudá-lo a ampliar o nível de consciência das suas escolhas, estimular o cultivo do autoconhecimento e a aplicação de seus talentos a serviço de causas que façam sentido para você. Além disso, se você tiver o mesmo sonho que eu, espero contribuir para que você decida trabalhar pela implementação das transformações que desejamos ver no mundo. A escolha será sempre sua e eu torço muito por você! Mas, antes que Darth Vader nos alcance, me responda: de que lado da força você está?

E se quiser conversar a respeito do que você pensa sobre o futuro do trabalho, assista o vídeo que fiz sobre este tema acessando o link pelo QR Code a seguir e deixe lá os seus comentários. Eu vou adorar!

∞ VEJA ALÉM DO SEU UMBIGO

Se ele estivesse lendo este livro, provavelmente se sentiria excluído da maior parte das histórias.

Por isso me apresso a começar este capítulo dizendo que nem todas elas acontecem em cenários bem cuidados, quartos carinhosamente decorados, banheiros com boxe de vidro temperado, livros nas estantes, programas culturais, viagens interessantes, famílias estruturadas, apoio afetivo e despensas providas, ao menos, do essencial para uma vida com saúde, equilíbrio e dignidade.

A história de Yuri começou entre as paredes úmidas e malcheirosas dos cortiços da região do mercado municipal, em uma cidade quente e socialmente muito desigual do litoral paulista, no sudeste do Brasil.

Cresceu literalmente entre prostitutas e traficantes. Escapou de muitos perigos. Quase não lia. Não ia ao teatro. Nunca conheceu um museu. Não aprendeu outro idioma. Até os dez anos expressava-se com dificuldade.

Naquele ambiente caótico e mal assistido, sua mãe era uma presença forte. Mulher de pouca cultura e fortes convicções, mantinha os filhos na "rédea curta", exigia integridade, cobrava responsabilidade, estava sempre vigilante e sabia fazer-se presente. Foi seu primeiro grande alicerce.

Yuri viu muitos amigos perderem a vida no tráfico e, numa casa de apenas um cômodo sem divisórias, teve de aprender a conviver com a falta de privacidade, presenciando cenas que uma criança jamais deveria presenciar.

Assistiu a muitas meninas da sua idade sendo exploradas sexualmente, enquanto outras apressavam-se para arranjar um parceiro e sair de casa, para não terem mais que ficar o dia inteiro cuidando dos irmãozinhos de colo.

Yuri, no entanto, tinha algo de especial. E sua vida começou a mudar aos 11 anos, quando se instalou no bairro uma ONG dedicada a promover atividades socioculturais e educativas para crianças em condição de vulnerabilidade, como ele.

No começo não foi fácil. Ele simplesmente não seguia as regras. Não conseguia falar baixo e, à menor contrariedade, partia para a agressão. Era assim que havia aprendido a se defender em um universo onde vigora a lei do mais forte e tudo se resolve no grito.

Na ONG foi acolhido com amor e respeito. Foi ouvido, valorizado, percebido. Começou a ler o mundo e a si mesmo com outras lentes. Aprendeu novas posturas, desenvolveu noções de cidadania, participou de atividades artísticas, recebeu aulas de reforço no contraturno escolar, num insistente esforço pelo desenvolvimento de suas potencialidades. Ele foi amadurecendo aos poucos e, havendo expandido a mente, ela nunca mais voltaria ao tamanho anterior.

Não pense que esse foi um processo linear. Ele brigou muitas vezes. Chegou a ser expulso. Desistiu. Voltou. Disse coisas horríveis aos voluntários, pensou em fazer parte da organização criminosa que mandava no pedaço.

Havia alguém na ONG que era para ele como uma segunda mãe. E tal foi a qualidade do afeto por ela devotado a ele que, todas as vezes em que pensou em resvalar para o caminho da marginalidade, apegou-se também àquele amor e reconsiderou. Ele se considerava um cara de sorte. "Tenho duas mães incríveis", pensava. Elas não merecem sofrer por mim.

Essa não era a regra. Geralmente os jovens cediam. Desmotivados pela falta de oportunidades, desprovidos de esperanças e sem expectativas positivas, seduzidos pelo desejo de consumo, atraídos pelas falsas promessas de dinheiro e poder, encontravam no tráfico algum sentido de importância pessoal, assumindo postos de comando e empunhando armas nas bocas de fumo.

Por volta dos 15 anos, Yuri entrou para a "guardinha" municipal, instituição que recebia jovens aprendizes que normalmente eram contratados pelas empresas para o serviço de office boy, muito comum à época, entregando documentos, tirando fotocópias, frequentando cartórios e correios ou percorrendo as ruas do centro da cidade entre um banco e outro para pagar duplicatas, em troca de meio salário mínimo.

Para se manter na "guardinha" não podia repetir de ano na escola.

Yuri tornou-se um dos maiores motivos de orgulho de suas duas mães. Com seu esforço e a ajuda de muitos anônimos, alcançou o improvável: depois de muitas tentativas e de inúmeras listas de espera, uma vaga numa universidade pública no sul do País!

Enfim, uma história de final feliz! Só que não...

Não preciso dizer o óbvio e citar as inúmeras dificuldades que Yuri teve de superar em virtude de uma formação escolar muito deficiente. Nem preciso contar que ele foi morar em uma república simples com vários ocupantes, para aliviar o peso das contas – afinal, ele está por conta própria há muito tempo.

Prefiro falar das dores ocultas, das feridas invisíveis mantidas sob a superfície, das quais temos pouca ou nenhuma consciência.

Recebi notícias do Yuri recentemente. Ele pensa em desistir da universidade, pois está com extremas dificuldades para se manter. O curso de Engenharia exige muitas horas de estudo e nas poucas horas livres, inclusive nos fins de semana, ele faz bicos para levantar algum dinheiro. Dorme pouco, estuda menos e o que ganha não vem cobrindo as despesas.

Senti como um soco no estômago quando uma pessoa me contou que algumas vezes ele não tinha o que comer.

- Mas, por que ele não almoça e janta na universidade?

- A universidade é nova e ainda não tem Restaurante Universitário - ela me disse consternada.

Deixei escapar um palavrão e sentei-me abatido.

Pensei em meus filhos e nos filhos de meus amigos, formados em escolas de alto nível, com Inglês fluente, acesso à farta tecnologia, culturalmente superestimulados e muito bem alimentados desde a gestação.

Que chances Yuri teria ao enfrentá-los no mercado?

Era justo isso? Fazia algum sentido?

No primeiro capítulo, utilizamos a metáfora dos presentes recebidos e não abertos, sugerida por Stephen Covey. Presentes que recebemos ao nascer e que muitos passam a vida sem abrir, sem ter acesso, sem nem ao menos ter consciência de que estavam ali, apenas aguardando serem des-envolvidos, ou seja, retirados daquilo que os envolvia, trazidos à tona.

Essa imagem nunca mais saiu da minha mente. Trabalho voluntariamente em uma ONG que cuida de crianças e adolescentes em situação de vulnerabilidade social. Conheço e apoio essa instituição há mais de dez anos, mas passei a desenvolver uma atividade semanal com os adolescentes assistidos há três anos (estou terminando de escrever este livro em 2018). Utilizo a fotografia e a música para ministrar oficinas que trabalham a autoestima e o protagonismo, além de apoiar em outras atividades.

São crianças e jovens como o Yuri da nossa história. Alguns em situações de maior precariedade, pois, se Yuri teve a forte presença de uma mãe com rígidos padrões morais, outros são abandonados pelos pais. O pai de vários deles é um desconhecido para eles. A mãe nem sempre está presente, seja por estar lutando pela sobrevivência em subempregos ou mesmo em atividades ilícitas, seja por ter sido presa, seja porque também os abandonou, deixando-os ao cuidado de avós, tios, amigos da família. Muitas não têm o menor preparo para educar seus filhos, pois também não foram orientadas para isso, nem receberam bons exemplos.

Mas, mesmo quando não há o abandono dos pais, ou de um dos pais, essas crianças e jovens são o retrato vivo de um abandono promovido em uma escala muito mais ampla, que reclama a atenção de nossa sociedade. Na história desses seres humanos, muitos dos seus presentes não serão abertos jamais. Muitos não serão "des-envolvidos", alguns nem serão reconhecidos como presentes, mantidos em estado de absoluta inconsciência.

Começam a vida mal alimentados desde o ventre materno, por razões óbvias. Do ponto de vista neurobiológico, crianças mal alimentadas tornam-se predispostas a determinadas doenças, como obesidade e diabetes, e sofrem prejuízos na formação da estrutura de todo o seu sistema nervoso, tendendo a apresentar dificuldades cognitivas e de aprendizado, entre outras coisas. Dependendo do nível de comprometimento, alguns danos são irreversíveis.

Portanto, somente por esse motivo, alguns talentos nunca virão à tona, sufocados por limitadores físicos, pela ignorância e pela inconsciência.

No entanto, não é só isso. A Neurociência nos trouxe há pouco tempo o conceito da neuroplasticidade, ou plasticidade neuronal: capacidade do sistema nervoso de mudar, adaptar-se e moldar-se em nível estrutural e funcional ao longo do desenvolvimento neuronal e quando submetido a novas experiências. Quando você aprende algo novo, como tocar um instrumento, por exemplo, seu cérebro vai criando novos caminhos neuronais, processando e memorizando aquelas informações. Quanto mais você treina, quanto mais você toca, mais esses caminhos se fortalecem, os movimentos vão se tornar automáticos, sua habilidade aumenta e você passa a executar com facilidade o que antes era tão penoso executar. Sabe aquele solo maravilhoso do seu guitarrista preferido? Ele só é possível porque seu ídolo treina horas por dia e executa o solo em diversas apresentações, repetindo e repetindo o mesmo movimento.

É assim que se formam os hábitos – para o bem e para o mal. Seu cérebro está o tempo todo buscando o caminho do menor esforço, aquele que ofereça o menor gasto de energia possível. Ou seja, sempre que sofre um estímulo externo, ele busca em seus "arquivos" uma experiência anterior semelhante e, para dar uma resposta rápida, tenderá a seguir os caminhos já trilhados em repetidas vezes anteriores. Nesse aspecto, nosso cérebro não é um grande fã das mudanças. Ele resiste a elas, pois mudar exige esforço e gasta energia, já que, em última instância, se trata de refazer caminhos – algo como construir uma nova estrada, quando seria muito mais cômodo seguir pela estrada que já existe. Por isso é tão difícil mudar os hábitos, inclusive os maus hábitos. Se você se habituou a reagir com violência verbal quando contrariado, esta será a sua reação mais imediata e espontânea, por tudo o que já dissemos. Você vai precisar sair do piloto automático, exercitar a presença, desenvolver sua inteligência emocional, observando-se e cuidando para controlar seus impulsos, esforçando-se para, de preferência, substituir o mau hábito por um hábito mais saudável. Se você se acostumou a tomar bebida alcoólica toda vez que tinha de enfrentar algum tipo de tensão, seu cérebro vai pedir que você beba sempre que se sentir sob pressão. E você terá que se esforçar muito para vencer este hábito, que, além de tudo, produz um relaxamento artificial, causando a ilusão de melhora, quando na verdade só complica a sua vida. Em muitos casos, só conseguimos mudar esses hábitos com a ajuda de amigos, da família, da comunidade e até mesmo de terapeutas profissionais, dependendo de cada caso.

Enfim, nosso cérebro evoluiu para resolver problemas e a cada experiência vivida, conforme os estímulos que recebemos, de acordo com o que se passa no meio ambiente onde estamos, ele prontamente reage, reforçando ou criando novos caminhos neuronais para dar respostas a esses estímulos.

Você já percebeu como um cego de nascença tem os demais sentidos extremamente desenvolvidos, como se fosse capaz de ver através deles? É que, na ausência da visão, o cérebro constrói outros caminhos neuronais para processar as informações recebidas do meio externo. Como a área originalmente destinada ao processamento da visão não está sendo utilizada para ver, o cérebro realoca seus recursos neuronais para aplicá-los no aprimoramento fino dos outros sentidos, que se tornam muito mais acurados, para compensar a falta de visão. O cérebro das pessoas que se tornaram cegas durante a vida também faz esse esforço, mas com maior dificuldade, uma vez que aquela área já havia sido mapeada e configurada para o processamento dos estímulos visuais.

O mesmo acontece com pessoas que sofrem acidentes e precisam estimular seus cérebros para que estes construam novos caminhos neuronais que as possibilitem recuperar, por exemplo, um movimento perdido, se ainda for possível.

Portanto, o cérebro é um guerreiro sempre lutando e se adaptando para nos ajudar a sobreviver e nos preservar dos perigos.

Ora, se o cérebro se desenvolve a partir dos estímulos que recebe, é evidente que o ambiente, os pais, os cuidadores, a escola, os professores, as igrejas, os amigos, as ocorrências do cotidiano interferem na sua formação. A verdade é que nós estamos ajudando os outros a formarem o seu cérebro e vice-versa. Que responsabilidade, hein?

Ocorre que, no ambiente em que crianças como Yuri estão crescendo, há uma concreta e constante tensão envolvendo sua integridade física, ameaçada pela fome, pela desestrutura doméstica, pelo crime e por outras expressões da violência. A Neuropsicologia nos adverte que a aprendizagem depende da interação com o meio em que o indivíduo vive, portanto, será afetada por este meio a tal ponto que mesmo os cérebros bem formados podem apresentar dificuldades para aprender em um ambiente desfavorável.

E por quê? Porque a Neuropsicologia corrobora o que aprendemos com a Pirâmide de Maslow. O cérebro daquela criança vai moldar-se para resolver os problemas que a estão ameaçando no nível das necessidades mais básicas e urgentes: as fisiológicas e as de segurança. Não terá energia, nem interesse, para aprender conceitos teóricos mais elaborados, que lhe seriam úteis no futuro, mas que agora estão além do espectro das suas preocupações mais imediatas.

Voltando aos presentes não abertos, muitos permanecerão fechados se nada for feito.

Mas, vamos além. Se o cérebro se molda a partir dos estímulos que recebe, criando novas sinapses e caminhos neuronais, ampliando sua capacidade de análise e de fazer correlações, e se aquelas crianças recebem tão poucos estímulos positivos, como poderão competir no mercado com jovens como você?

Eu explico com um exemplo: a área onde atua nossa ONG fica a cerca de sete quilômetros da praia, na parte "feia" e esquecida da cidade, todavia, apesar da pouca distância, algumas crianças nunca viram o mar... Estudam em escolas mal estruturadas, onde poucos e heroicos professores lutam para tentar ensinar em um ambiente carente de recursos, com crianças desinteressadas ou apáticas pela desnutrição, que enfrentam inenarráveis dramas domésticos e muito frequentemente têm a sua infância sequestrada por uma rotina onde precisam cuidar de irmãos mais novos ou sair para tentar arrumar algum dinheiro na rua – muitas vezes "contratadas" pelo tráfico ou por cafetões. Recebo alunos do quinto ou do sexto ano que mal sabem ler! Que não conseguem interpretar o enunciado de um problema simples, que dirá resolver problemas complexos de matemática, entender os movimentos históricos ou se expressar em outro idioma.

Você acha que elas frequentam museus? Vão ao cinema? São estimuladas a assistir e discutir sobre documentários? Conhecem o restante do Brasil? Viajam para o exterior? Ampliam seu vocabulário fazendo da leitura um hábito? Assistem a séries instigantes que ampliem seu repertório cultural? Conversam com amigos de outros países num idioma diferente do seu? Têm acesso às mais modernas tecnologias? Frequentam conservatórios ou escolas de música? Praticam esportes em clubes bem estruturados que propiciam experiências socialmente muito ricas?

Se compararmos o resultado desses estímulos no cérebro daquelas que os recebem durante a sua infância e juventude com o cérebro daquelas que não os receberam, é fácil imaginar que encontraremos significativas diferenças, não é? No caso delas, este equipamento tão maravilhoso que é o cérebro terá se desenvolvido menos e este fato impactará em todas as suas manifestações durante a vida que se seguirá. Os estímulos não recebidos vão definir um modo de se comportar e de ver o mundo, que refletirá em seus relacionamentos, em sua vida de estudante e em seu desempenho profissional.

Quantas poderiam tornar-se músicos, cantores, artistas? Quantas poderiam tornar-se esportistas? Quantas poderiam descobrir os encantos da ciência e se tornarem pesquisadoras no futuro? Quantas poderiam aplicar sua criatividade na solução de problemas da nossa sociedade, tornando-se empreendedoras? Quantas vidas teriam sido radicalmente mudadas pela oferta de oportunidades? Mas, na maioria dos casos semelhantes, a vida toma outro rumo e o que poderia ser não se torna real, nem manifesto.

AUTOESTIMA, PROTAGONISMO E MERITOCRACIA

Nem todas as crianças têm consciência desse abismo entre elas e as outras crianças criadas em situações muito mais favoráveis ao desenvolvimento do seu mundo afetivo, cognitivo e cultural. Porém, conforme crescem, e na medida em que conhecem outras realidades, através da televisão, por exemplo, ou no contato com pessoas de outras camadas sociais, nasce nelas um sentimento de inferioridade, um duro golpe em sua autoestima, que pode manifestar-se de diversas maneiras: pela apatia, pela compensação através do excesso de comida (geralmente de baixa qualidade nutricional) ou pela agressividade, entre outras.

Como esperar dessas crianças uma postura protagonista se elas não acreditam nelas mesmas? Como culpá-las por sua postura agressiva se esta é a única resposta que aprenderam a dar à violência que sofrem cotidianamente, feridas em seus direitos mais básicos como seres humanos? Como esperar que superem esse cenário de miséria geral através da meritocracia sem lhes oferecer meios para isso?

Tínhamos um aluno que eu vou aqui chamar de Neco. Em minha oficina, a de fotografia, ele se destacava. Apesar de ter apenas 12 anos, possuía um olhar especial, era sensível, intuitivo, observador e sabia esperar o momento para fazer belos espontâneos nos exercícios que fazíamos com uma criança fotografando as demais em momentos de descontração.

Eu o imaginava tornando-se um fotógrafo, fazendo disso uma profissão, uma ponte para sair da pobreza em que vivia. Ele empunhava bem a máquina, prestava atenção ao que eu ensinava, mas tinha um sério problema de autoestima. Não sabia ler direito, tinha um vocabulário muito limitado e talvez por isso se retraísse com facilidade. Tinha alguns irmãos já trabalhando para o tráfico e outros presos pelo mesmo motivo. Ele tinha vergonha da própria história, das roupas sujas, do pai, do lugar onde morava, da cor da sua pele etc.

Nós tentamos de tudo. Acolhemos Neco com todo amor no período em que ele esteve conosco. Eu o chamava de "meu fotógrafo", ressaltando suas qualidades neste sentido. Mas, o apelo familiar, as crenças que ele tinha sobre si mesmo, a necessidade material imediata e o contexto em que vivia falaram mais alto. Neco hoje ocupa seu tempo fora da escola "sobrevivendo" a seu modo, do jeito que aprendeu com os seus e onde se sente, de alguma forma, mais "confortável" por estar entre os que são como ele, desfrutando de algum tipo de sentido, ainda que ilusório, contudo muito sedutor na sua idade e na sua condição.

A pouca grana que defende na rua, só Deus sabe como, é o que lhe confere algum senso de dignidade. Afinal, ele também deseja consumir. Também sonha com roupas novas, um par de tênis bonito, um celular bacana, um fone de ouvido colorido, uma bicicleta moderna, uma mochila decente, poder comer nas hamburguerias mais transadas da cidade, viajar com os amigos, passear com a namorada. Descrente da própria capacidade e sem perspectivas de futuro, a tendência histórica é que ele logo deixe de estudar. No cenário menos pior, abandonará a escola por um subemprego qualquer, ou passará os dias na rua fazendo pequenos bicos. No cenário pior, infelizmente mais comum, será engolido pelo tráfico, com grandes possibilidades de ser preso como seus irmãos, ou morto, como muitos de seus amigos.

As pessoas poderão dizer que Neco não soube agarrar a oportunidade. É verdade! Contudo, uma verdade parcial, pois se baseia apenas em nosso ponto de vista! Até que ponto, porém, a responsabilidade é só dele, que talvez nem tenha conseguido entender que estava diante de uma oportunidade? Será que a soma de condicionamentos e exemplos negativos quando é muito maior que a soma de exemplos e condicionamentos positivos não se transforma numa armadilha para crianças como o Neco?

E o Yuri? Ele agarrou a oportunidade, não é? Foi muito além do que a média dos jovens da sua comunidade, já que a maioria de seus amigos mal terminou o ensino médio. Ele é um ponto fora da curva. O *cara veio* "do nada" e entrou em uma universidade federal! Fez o improvável acontecer. Mas, sua história pode não ter um final tão feliz quanto seria possível por falta de recursos elementares. Pode ter que abandonar a formação universitária, um projeto que asseguraria o atendimento às suas necessidades de segurança, relacionamento e estima, por não estar conseguindo sair da base da pirâmide de Maslow, ou seja, atender sua necessidade de alimentação e moradia.

Que vergonha para um país que precisa tanto de profissionais qualificados! Que vergonha para nós, que temos de sobra e desperdiçamos tanto! Ele estuda de dia e trabalha no tempo livre, inclusive nos finais de semana, mas o que ganha ainda é insuficiente. Faltaram méritos? Presentes não abertos lá atrás hoje representam gaps em sua formação. A falta de recursos materiais da sua família a impedem de ajudá-lo como gostaria. Esses fatores somados limitam suas alternativas e colocam em perigo o seu futuro. Mas poderia ser diferente! E é isso o que mais me inquieta.

No entanto, quem se importa? Você se importa? Para uma parte da sociedade, ainda presa entre o egocentrismo e o etnocentrismo, pessoas como Yuri são invisíveis. Há quem se dedique a tentar minimizar esse estado de coisas, é verdade. Mas, o tamanho de nossas mazelas está a exigir mais de cada um de nós, ou ao menos de quem já percebeu que, se continuarmos criando uma massa de excluídos, seguiremos por um caminho de penúria e violência.

Nosso País pagará um preço muito alto por negligenciar a educação em todos os níveis. Os últimos relatórios do Banco Mundial, publicados em março de 2018, alertam para o descuido do nosso governo com os jovens da nossa nação. Eles sustentam que para conduzir o Brasil a níveis mais elevados de renda e a uma sociedade mais justa, o governo terá que colocar os jovens no centro de uma ambiciosa agenda de reformas de políticas relativas a competências e empregos.

Pela gravidade e pela urgência do problema, eu repito e peço que você pense no assunto não considerando apenas a sua realidade social, mas o contexto nacional como um todo: **o governo terá que colocar os jovens no centro de uma ambiciosa agenda de reformas de políticas relativas a competências e empregos.**

O estudo aponta que metade dos jovens brasileiros está ameaçada pelo desemprego e pela pobreza. E, para que não fique dúvida, indica ainda que **a melhor oportunidade que o Brasil do futuro tem para atingir o *status* de alta renda é por meio do maior engajamento de seus jovens.** O potencial de produtividade do País será cada vez mais determinado pela atual juventude, os que hoje têm entre 15 e 29 anos, e pela capacidade que tenham as instituições responsáveis pelo desenvolvimento de suas competências e do mercado de trabalho de engajá-los plenamente na economia.

Pesquisadores do Banco Mundial indicam que algumas condições relacionadas à pobreza e ao gênero geram barreiras cuja superação, na prática, torna-se improvável.

Se você é um jovem estudante ou em início de carreira, talvez me diga que não pode fazer nada ainda. Será? Não foi o que pensou o Tobias (ainda se lembra dele?), que dá aulas gratuitas para jovens sem condições de pagar o cursinho pré-vestibular. Não é o que pensam os jovens empreendedores ou voluntários de projetos incríveis existentes em nosso país.

Está passando da hora de redefinirmos o Brasil que nós desejamos para nós e para as próximas gerações. Somos um país com níveis de desigualdade inaceitáveis. Há muitos desafios a vencer. O governo e os políticos têm uma parcela enorme de responsabilidade e de trabalho a fazer. As empresas e os empreendedores já começam a perceber que não podem colocar-se à margem desse processo. As organizações não governamentais que tocam projetos sociais já estão nesta luta há muito tempo. Há um livro muito inspirador chamado "Caçadores de Bons Exemplos", do casal Eduardo e Iara Xavier, que juntos percorreram quase 226 mil quilômetros pelo interior do Brasil e catalogaram 1.150 projetos de ação social existentes – e continuam descobrindo outros.

Governo, mercado, projetos sociais – o trabalho precisa ser de todos, incluindo eu e você.

QUAL SERÁ A SUA CONTRIBUIÇÃO?

É claro que você já percebeu que, apesar de reconhecer, considerar legítimas e valorizar todas as suas angústias, tratando-as com o máximo respeito e cuidado nos capítulos anteriores, chegou a hora de fazer você pensar naqueles que têm muito menos recursos que você e inverter o sentido do questionamento. Se até agora conversamos muito sobre o que você quer da vida, este é o momento de refletirmos sobre o que a vida quer de você.

Eu tentei deixar algumas pistas até aqui. Falei que o sentido da vida e o senso de propósito têm muito mais a ver com o que eu vou oferecer à vida e não o contrário. Disse o quanto é importante o sentimento de pertencimento e como o engajamento a uma causa pode nos proporcionar esse sentimento. Citei o trabalho voluntário como uma das maneiras de superar os condicionamentos do Ego ao entrarmos em contato com a dor alheia. Contei o exemplo do Tobias, comentei brevemente sobre como é importante sabermos olhar o mundo nos colocando na posição do outro, no exercício da verdadeira empatia.

O tempo todo eu "levantei a sua bola", mas não poderia escrever um livro sobre o sentido da vida sem trazer os questionamentos que farei agora, sintetizados em duas perguntas para você pensar profundamente:

- Se estamos todos conectados e se a sociedade é uma obra coletiva, qual é a nossa parcela de responsabilidade por ainda existirem tantas crianças e jovens cujos "presentes recebidos ao nascerem" não serão abertos por pura falta de oportunidade, desperdiçando seus talentos e potenciais humanos? De que forma estamos, direta ou indiretamente, contribuindo para que essa situação se perpetue?

- O que você pretende fazer para contribuir com a construção de uma sociedade melhor para todos? De que forma vai utilizar suas forças, talentos, virtudes, inteligências, perfil, energia física e vivências para ajudar a transformar o mundo para melhor? O que pode fazer agora?

Eu não estou dizendo que você precisa procurar uma ONG como a que eu frequento. Nem que precisa necessariamente abraçar causas sociais. Lembra do que já conversamos sobre singularidade? Como contribuir, onde contribuir e quanto contribuir é uma questão pessoal – você definirá a sua. Mas precisará sair do seu quadrado e, provavelmente, da sua zona de conforto.

O ideal é que você esteja aplicando seus talentos no que fizer. Eu, por exemplo, uso a fotografia e a música. Na verdade, em muitos momentos, o que mais preciso colocar em ação é a amorosidade, pois há crianças muito mal nutridas de afeto também, que precisam ser validadas por um olhar atencioso, uma palavra de estímulo, um abraço amigo e momentos de sincera escuta atenta – elementos raros na vida delas, onde quase tudo se resolve pela força e pela imposição.

E não pense em passos tão gigantes. Se for preciso, transforme seu projeto de contribuição em pequenos passos. Você não precisa ser um super-herói, seja apenas um ser humano interessado no bem-estar de outros humanos.

Você vai fazer do seu jeito. Como a "equalização" dos seus talentos é única, a "equalização" da sua contribuição também será única. Você vai encontrar a sua forma pessoal de contribuir. Problemas aguardando sua contribuição não faltam. Mas, por favor, para este importante projeto, desligue o "umbigoscópio" (neologismo meu), levante a cabeça e passe a enxergar além dos próprios problemas, dedicando um tempo para pensar no problema alheio e oferecer ajuda.

Pois, como diz o poema de um grande amigo meu, chamado Vinícius Nalini, há momentos em que o que nos falta é a alegria dos outros.

Se você quiser conhecer um pouco mais sobre o trabalho que realizamos em nossa ONG e trocar ideias sobre o que foi dito neste capítulo, acesse o vídeo pelo QR Code abaixo e deixe lá os seus comentários. Terei prazer em compartilhar ideias com você.

9
EU VOS CONVIDO
A FLORESCER

Meus amados,

É a primeira vez que escrevo uma carta coletiva, numa época em que quase já não se escrevem cartas. Sei que cada um lerá a seu tempo e me alegra imaginar que se sintam tocados por ela.

Queria que tivessem uma noção, ainda que mínima, do quanto estiveram presentes em cada linha deste livro, como se nossas histórias fossem o tema das canções que compõem sua trilha sonora.

Gabi, você foi a primeira a chegar – e lá se vão mais de 30 anos! Chegou no primeiro dia do primeiro mês de 1985, em uma noite de festa, quando o planeta ainda comemorava a virada de ano. Com apenas 23 anos, eu me tornava tio, mas começaria a treinar e descobrir a emoção de ser pai, ainda que por tabela. A partir de então, além de mim, de meus pais e de minhas duas irmãs, teríamos você crescendo entre nós. Em nosso quarto passou a existir um berço e as nossas noites ganharam uma nova dinâmica. Meses de choro durante a madrugada, mamadeiras, banho de banhei-

ra, troca de fraldas, brinquedos pela casa, os primeiros dentinhos, aquele sorriso maroto, você aprendendo a sentar, depois engatinhar, as primeiras palavras, os primeiros passinhos. "Serra, serra, serrador, serra o papo do vovô"... Em muitas noites, depois de tanto chorar, você adormeceu no meu colo ou dormiu embalada pelo movimento de sobe e desce da minha barriga ao respirar.

Foi a primeira vez que acompanhei bem de perto o desenvolvimento de uma criança em seus primeiros meses. Suas descobertas, as mudanças de um momento para o outro, o efeito do amor sobre ela. E quando parti, para morar e trabalhar em outra cidade, descobri também como a saudade pode ser dolorida.

Cinco anos depois, num dia 10 de novembro, veio você, Vítor, meu primogênito, filho do primeiro casamento, cujos olhinhos de jabuticaba se acenderam assim que a enfermeira me apresentou a você, ainda envolto naquele "charutinho" típico, ao sair da sala de parto. A vida, definitivamente, nunca mais seria a mesma. Cólicas até os três meses, chá de camomila, suquinho de laranja, papinha feita em casa, fraldas de pano e depois (ufa!) muitas e muitas fraldas descartáveis! Andou muito cedo, dava piruetas com seu quadriciclo sem pedais, adorava jogar bola, bicicleta, natação, vídeo game. Quando você tinha dois anos e meio, passamos a morar em casas separadas, mas meu horário de trabalho permitia que eu estivesse com você todos os dias da semana: pegava você na escolinha, levava na natação, depois íamos para a casa da vovó, e depois das tarefas, tardes e mais tardes chutando bola ou brincando com os carrinhos e caminhões em miniatura. Alguns anos mais tarde, a distância aumentou quando eu mudei de cidade de novo. Depois dobrou, quando foi sua vez de mudar com a mamãe. E novamente veio a saudade como consequência de nossas escolhas. Você cresceu rodeado de amigos, pois fazê-los sempre foi sua maior arte. E eu aprendi na prática que o amor supera todas as distâncias.

Mais cinco anos e foi sua vez de chegar, Ariel, na manhã do último dia do mês de junho. Segundo filho, segundo casamento, renovadas esperanças e novas experiências. Você já nasceu musical e uma de nossas alegrias era ver você tocando um pandeirinho ao ritmo da música executada no aparelho de som da sala. Seu jeitinho sério e introspectivo já prenunciava o jovem focado e determinado que você se tornaria. E teve que aprender muito cedo a exercitar a generosidade e o desprendimento que seriam algumas de suas virtudes, pois sua irmã decidiu quebrar o ciclo dos cinco anos e, pouco mais de um ano depois, em 1996, num dia 14 de agosto, ela chegou esbanjando graciosidade para dividir o quarto com você. O quarto, a mamãe, o papai, os brinquedos, a banheira, o tempo, a atenção dos adultos, a vida em si. Foi assim que aquela menina linda de sorriso iluminado se tornou sua grande companheira, a ponto de muitas pessoas acharem que vocês eram gêmeos.

Como não ser um papai babão por você, Clara? Seu bom humor era contagiante, mas ficava brava quando eu queria fotografar você! E como não querer fotografar? As festas na escola, o *ballet*, seus desenhos, as risadas quando a gente fazia graça encarnando o papel de um vovô que dormia no meio das respostas e quando era acordado por vocês, respondia outra coisa totalmente diferente do que havia começado a responder – lembra disso?

Vocês aprendiam um com o outro. Uma de minhas mais queridas lembranças era o momento da prece, antes de dormirem. Vocês deitavam na cama e nós nos postávamos ao lado, de pé, ligeiramente iluminados por um daqueles minúsculos pontos de luz espetados na tomada. Eu escondia uma lanterna na cintura, atrás de mim, apontada para cima. Um pouco antes da prece, "chamávamos" a "luzinha". E, sem que vocês percebessem, eu acionava a lanterna deixando que a luz se projetasse no teto. Controlando a luminosidade com a mão, às vezes a luz chegava meio apagada no teto. Então a mamãe perguntava para vocês por que a luz estava fraquinha naquele dia e o que tinha acontecido. Vocês, então, acabavam nos contando algo que não havia sido tão bom no dia – uma briga, uma birra, uma "falta de educação" cometida entre vocês, na escola, na casa da vovó ou em casa mesmo. E, seguindo nosso combinado, vocês se comprometiam a pensar sobre o assunto e não repetir aquela atitude. Quando isso acontecia, eu liberava a passagem de luz, e a "luzinha" voltava a brilhar forte lá no teto. Então vocês se despediam da "luzinha", eu desligava a lanterna disfarçadamente e fazíamos a prece juntos, trocando beijos de boa noite.

Quando estavam entrando na pré-adolescência, com o fim do meu segundo casamento, passamos a morar em endereços separados. Alguns anos depois, novamente mudei de cidade. Dessa vez a tecnologia ajudou a diminuir a distância. Já havia celular, depois veio o smartphone e por fim o WhatsApp, onde temos um grupo, é claro! A saudade ao menos podia ser melhor administrada.

Vocês todos se tornaram pessoas incríveis. Tenho um orgulho imenso de vocês. Estão começando a enfrentar desafios maiores agora, justamente na fase da vida abordada neste livro. E eu não podia chegar ao final desta obra sem dizer que vocês foram a minha maior inspiração.

Gabriela, Vítor, Ariel, Clara, quando penso na noite de lançamento desta obra, imagino vocês de pé na primeira fileira, conversando animados, matando saudades, compartilhando projetos e afetos. E, somando-se a vocês, meus outros sobrinhos - Ítalo, Heloísa, Henrique -, meus enteados - Theo, Marcela, Pedro e Lucas -, os agregados, os amigos, os amigos dos amigos, os filhos de meus amigos e tantos outros jovens que de alguma forma emprestaram uma parte de sua alma para compor a grande alma desta obra e contribuir para que a luz, no alto, brilhe para todos.

E quando eu fosse convidado a dizer algumas palavras, se depois de agradecer eu pudesse dizer apenas uma frase, eu diria profundamente emocionado:

- *Eu vos convido a florescer!**

Quando comecei a pensar em um nome para este livro, conversando e pesquisando na *internet*, eu me deparei com especialistas e palpiteiros sugerindo nomes que tivessem uma pegada mais comercial. Coisas como Cinco Passos Para Ser Um Jovem Feliz, ou Faça Isso e Seja Um Profissional de Sucesso, ou ainda Ideias Matadoras Para uma Carreira Milionária, ou, quem sabe, Descubra Seu Propósito em Três Lições, ou talvez Felicidade Instantânea – O Segredo para Eliminar suas Angústias em Dois Passos!

Exageros à parte, a recomendação era que eu criasse um método e o oferecesse como solução prática para o problema que eu havia elegido como foco do meu projeto: as dores, expectativas e angústias de uma juventude em busca de sentido em um mundo que às vezes parece não fazer nenhum sentido.

Mas, se você chegou até aqui, se percorreu comigo este longo caminho, já percebeu que um método simplificado, com passos pré-definidos, seguindo um padrão único, que possa ser aplicado a qualquer pessoa para "resolver" um problema tão complexo, não faz o menor sentido. Meu desejo sincero era me dirigir a cada jovem leitor com a mesma abertura, a mesma sinceridade, a mesma boa intenção e a mesma amorosidade que o faria se estivesse falando com um dos meus filhos. E eu não mentiria para eles criando falsas expectativas.

Não há receitas prontas, não há fórmulas infalíveis nem modelos que se ajustem a qualquer situação. Felicidade não é produto que se encontra nas prateleiras, não vem adicionado aos energéticos, não dá para injetar na veia, nem importar pela internet.

Os grandes estudiosos da Psicologia Positiva, como Mihaly Csikszentmihalyi, Martin Seligman, Dan Gilbert, Sonja Lyubomirsky, Tal Ben Shahar, Shawn Achor, Maria Sirois, Kim Cameron, Barbara Fredrickson, Edward Diener, Angela Duckworth, cada um em sua área de atuação, também sabem disso. Pois a própria Psicologia Positiva não estabelece um método infalível para ser feliz. Ela aponta caminhos possíveis, mas não os define como um método linear e cartesiano. O que esses estudiosos, cientistas, professores, pesquisadores fazem é justamente o contrário: em vez de dizer faça isso e você será feliz, eles pesquisam, observam, entrevistam, estudam profundamente as pessoas felizes para identificar os pontos em comum entre elas, características e atitudes que, de alguma forma, estão presentes em seu modo de ser, de agir e de ver a vida e que podem, então, indicar possíveis caminhos para aqueles que desejam alcançar mais altos níveis de felicidade.

Tudo começou quando alguns estudiosos começaram a questionar o papel da própria Psicologia. Começaram a se perguntar por que ela havia se restringido a estudar as pessoas em desequilíbrio, deprimidas ou com transtornos mentais diversos. Por que estudavam os psicóticos, mas não estudavam os seres humanos saudáveis? E assim passaram a aplicar o método científico aos estudos da felicidade autêntica, que mais tarde chamariam de bem-estar subjetivo ou, ainda, de florescimento.

E assim nasceria a Psicologia Positiva como ciência, no final da década de 1990, com Martin Seligman, da Universidade da Pensilvânia, e Mihaly Csikszentmihalyi, da Universidade de Chicago, ambos em plena atividade ainda hoje. Sua proposta era resgatar a missão da Psicologia, não apenas ajudando a curar doenças mentais, mas contribuindo para tornar mais feliz a vida das pessoas e auxiliando-as a identificar e cultivar seus talentos.

Se para a Psicologia tradicional o objetivo era chegar ao estado de ausência de doenças, para a Psicologia Positiva a meta era alcançar o pleno potencial de indivíduos, organizações e comunidades.

Segundo o próprio Martin Seligman, na introdução do seu livro "Felicidade Autêntica", "finalmente chegou a hora e a vez de uma ciência que procura entender a emoção positiva, desenvolver forças e virtudes, e oferecer orientações para o que Aristóteles chamou de *vida boa*". (SELIGMAN, p. 11).

E o que seria essa tal vida boa? Pelos princípios da Psicologia Positiva, ouso dizer com minhas próprias palavras que é aquela em que a pessoa vive plenamente a sua singularidade, autoconhecendo-se e aplicando suas forças e virtudes, seus talentos e pontos fortes para se expressar no mundo e para contribuir com causas que vão além dela mesma, vivendo uma vida plena de significado.

Se eu não estou enganado, se não está me faltando um parafuso depois de tanto estudar e pensar, essa é a síntese do anseio de quase todo jovem como você, com quem conversei, que entrevistei, que observei ou que respondeu a minha pesquisa: poder ser você mesmo e fazer algo que cause impacto positivo para si, para as pessoas e para o mundo; encontrar sentido em seu trabalho e sentir que está contribuindo com algo realmente significativo.

Não é o que todos queremos? Não é o que temos conversado deste as primeiras páginas deste livro? Em outras palavras, tomando emprestado o conceito de Seligman, o que eu e você desejamos é **florescer.**

EU TE CONVIDO A FLORESCER ASSUMINDO A PARTE QUE TE CABE

Os estudos da Psicologia Positiva demonstram que os fatores que afetam nosso bem-estar subjetivo, ou nossa felicidade (se você preferir), estão assim distribuídos:

- 50% são determinados pela nossa carga genética
- 10% são influenciados pelas circunstâncias
- 40% são consequência de nossas atividades intencionais, ou seja, **de nossas escolhas!**

Não se engane. Quarenta por cento é muita coisa! E é sobre esses 40% que a Psicologia Positiva atua. É sobre esses 40% que vamos conversar a partir de agora. É sobre as nossas escolhas – as minhas, as suas, as nossas. E, então, você compreenderá porque tantas vezes insistimos em falar sobre autoconhecimento, presença e escolhas mais conscientes. Compreenderá que nem todas as coisas dependem apenas de você, como querem alguns vendedores de milagres, mas que você pode e deve trabalhar sobre esses 40% na certeza de que a forma como você passará a reagir às circunstâncias fará toda a diferença a seu favor.

A palavra-chave é intencionalidade! Meu convite é: escolha florescer!

ESCOLHA FLORESCER CULTIVANDO EMOÇÕES POSITIVAS

Um dos cinco elementos do bem-estar subjetivo são as emoções positivas. As emoções negativas a gente conhece bem: medo, tristeza, raiva, nojo. No fundo, elas existem para nos proteger, alertando-nos para que possamos evitar ou enfrentar ameaças (uma invasão, uma agressão, algo estragado, por exemplo).

Se você assistiu ao filme de animação Divertidamente, da Disney-Pixar, viu o grande problema em que se meteu a personagem principal quando Alegria resolveu isolar a Tristeza e impedir que ela se manifestasse. Todos nós viveremos emoções negativas, por mais que a nossa vida esteja "nos trilhos". O que a Psicologia Positiva nos ensina é que pessoas com altos níveis de bem-estar subjetivo (comumente chamadas de pessoas felizes) procuram vivenciar mais emoções positivas que negativas. As pesquisas da dra. Barbara Fredrickson, publicadas em seu livro "Positividade", chegaram até a identificar a proporção ideal entre as emoções para que nos mantenhamos em estado de positividade: para cada emoção negativa, precisamos vivenciar três emoções positivas.A Psicologia, a Neurociência e até mesmo a Medicina comprovam os benefícios das emoções positivas, que melhoram o sistema imunológico, reduzem os hormônios do estresse, favorecem a produção dos hormônios do bem-estar, afetam positivamente nossos relacionamentos, ampliam as nossas percepções e as nossas competências cognitivas.

As emoções positivas básicas são a serenidade, a alegria, o orgulho (satisfação consigo mesmo), a diversão, o interesse (vontade de conhecer), a esperança, a admiração (apreciação do belo e da excelência, por exemplo), a inspiração (quando observamos um grande talento, por exemplo), a gratidão e o amor.

Mas, não quero que você apenas saiba disso. Meu convite é para que você busque, intencionalmente, experienciar mais emoções positivas no seu dia a dia. Que esteja aberto para elas, que mantenha o coração aberto para perceber as pequenas e grandes belezas da existência e os inúmeros motivos para sentir gratidão, por exemplo. Não apenas por ter conseguido a aprovação num concurso, mas por ter podido caminhar e sentir o vento no rosto, ouvir os pássaros, encontrar um amigo, tomar um banho, ler um bom livro, ter seus pais ao seu lado.

A ideia é que você analise cada uma dessas emoções e se pergunte: "Qual foi a última vez que senti esta emoção? O que estava fazendo, onde, com quem? Que outras atividades ou situações poderiam me dar esta mesma sensação?"

Intencionalmente, uma a uma, pense em como poderia criar condições favoráveis para sentir aquela emoção mais vezes.

Eu gosto de exemplificar com a esperança. Que situações me trazem esperança? A leitura de uma história inspiradora? Um documentário sobre ações humanitárias pelo mundo? Ouvir um *podcast* sobre empreendedorismo social? Aquele bate-papo com minha avó, que sabe ver o lado bom das coisas? Então por que não multiplicar intencionalmente esses momentos em vez de ficar lendo postagens cheias de ódio e negativismo nas mídias sociais, que só disseminam emoções negativas?

O que me traz serenidade? Ouvir minhas músicas relaxantes preferidas? Meditar? Fazer exercícios físicos? Caminhar sozinha conversando com meus botões? Conversar com aquele amigo que sabe como me acalmar? Cumprir minhas tarefas antes do prazo, evitando atropelos? Ler sobre espiritualidade? Fazer poesia? Tocar meu violão? Então, intencionalmente, programe-se para fazer essas coisas mais vezes. Não espere somente que elas aconteçam – faça as coisas acontecerem.

Sobre a gratidão, está provado que as pessoas gratas são mais felizes e não o contrário. É fácil perceber essa realidade na vida comum, quando encontramos pessoas simples, sem posses, que enfrentam problemas, mas esbanjam uma natural gratidão pela vida. Sentem-se gratas pelas mínimas coisas. Agradecem o sol, celebram a chuva, valorizam os pequenos gestos de afeto, sentem-se agraciadas por prazeres simples, como uma xícara quentinha de chá ou de café, enquanto outras, amarguradas, cercadas de achocolatados, geleias caras, mel, pão integral, cereais nobres, pais saudáveis, ambiente confortável, por exemplo, muitas vezes já não percebem nada disso como uma graça.

O documentário *Happy*, produzido e dirigido pelo cineasta Roko Belic, traz exemplos inspiradores sobre o tema. Roko foi estimulado pelo grande diretor de cinema Tom Shadyac a produzir um filme investigativo sobre a felicidade, justamente porque passou a observar o quanto seu jardineiro e sua governanta, por exemplo, viviam em um estado interior de bem-estar muito maior do que a maioria dos artistas famosos e muito ricos de Hollywood, que, pelo senso comum, teriam todos os motivos para esbanjar felicidade. O documentário traz exemplos reais e marcantes sobre os cinco elementos do bem-estar subjetivo, com destaque para a gratidão. Talvez você ainda o encontre no Netflix, no Vimeo ou no próprio Youtube.

E o amor? Ah... esta sublime emoção é a mais abrangente de todas. Se você ama alguém de verdade, este sentimento pode trazer serenidade (o amor acalma), alegrias, momentos divertidos, despertar interesses novos e aumentar seu nível de esperança. Admiramos o ser amado, somos inspirados por ele, sentimos aquele orgulho bom pelas coisas boas que fazemos juntos – ou que fazemos por amor e a gratidão inunda nosso coração. O amor pode ser por uma pessoa específica ou pelo próximo, por uma coletividade, pela humanidade – multiplicando exponencialmente as emoções que ele desperta.

ESCOLHA FLORESCER VIVENDO MAIS MOMENTOS DE *FLOW*

Outro dos cinco elementos do bem-estar subjetivo é o Engajamento, também chamado de estado de *flow*. Você sabe que esteve em estado de *flow* quando foi tão completamente absorvido pelo que fazia que teve a sensação de que o tempo parou e perdeu a consciência de si mesmo (nem se lembrou da fome, da sede ou de seus problemas). Há uma grande sensação de prazer e você só consegue pensar no quanto foi maravilhoso. Vivenciar vários momentos de flow (ou de fluxo) é uma das características da vida prazerosa.

Um cientista mergulhado em sua pesquisa, um fotógrafo registrando a vida dos pássaros na mata, uma artista plástica esculpindo ou pintando um quadro, um instrumentista executando uma peça musical, um dançarino dançando bolero, uma bailarina executando sua coreografia, alguém escrevendo, uma atriz ensaiando, um alpinista escalando a montanha, um atleta correndo, saltando, nadando, uma pessoa bordando, ou até tarefas mais simples, como lavar a louça, por exemplo, podem tornar-se momentos de *flow*. Durante o flow, o que importa é o momento presente e nele sua concentração é muito aumentada.

A Psicologia Positiva explica que o *flow* só ocorre quando há uma adequação entre suas habilidades e os desafios inerentes à atividade em questão. Você precisa ter talento e habilidade para aquela tarefa e a tarefa precisa ser desafiadora na medida para você.

Tentando simplificar, tomemos de novo o exemplo do guitarrista citado no capítulo anterior, quando falamos da neuroplasticidade. Digamos que ele foi chamado a executar um solo de guitarra. Se o solo for fácil demais para ele (sua habilidade é muito maior que a dificuldade inerente à tarefa), ele ficará entediado. Se for muito mais complexa do que ele é capaz de executar (sua habilidade é menor que a dificuldade inerente à tarefa), ele ficará muito ansioso. Mas se a dificuldade do solo estiver à altura da sua habilidade, ele poderá entrar em estado de *flow*.

Por dedução lógica, para que não se torne algo entediante, a tarefa deve sempre oferecer algum nível de desafio a ser superado; nem demais – pois poderia causar ansiedade, nem de menos – pois poderia levar ao tédio. Portanto, além de tudo o estado de fluxo acaba colaborando com o desenvolvimento de seus potenciais, pois à medida que você vence um nível de dificuldade, buscará o nível imediatamente acima, desafiando-se e aprimorando-se continuamente.

O *flow* só ocorre quando as metas são claras e o *feedback* é imediato. Em outras palavras: você sabe o que precisa ser feito e tem meios de avaliar imediatamente se está indo bem, o que retroalimenta o *flow* e o prazer que dele deriva. Na verdade, a meta se confunde com a própria atividade. A meta do guitarrista é a própria execução do solo e não o espetáculo que dele resulta.

Mas, tome cuidado, pois o estado de *flow* é diferente da mera distração. Você pode passar horas na frente da televisão ou navegando nas mídias sociais e até se esquecer do tempo e do mundo à sua volta, sem que essas atividades desenvolvam suas altas habilidades nem representem um desafio inspirador. Isso não é *flow*, é distração. E distração e flow não combinam. O estado de *flow* exige foco total. Aquela ideia de que você pode fazer muitas tarefas ao mesmo tempo com excelência é um mito e já foi derrubado pela neurociência.

Agora que você já sabe que o engajamento é um dos elementos que contribui para o bem-estar e para o florescimento, oferecendo oportunidades prazerosas para que você aplique e desenvolva seus talentos, forças e habilidades em prol de algo que faça sentido para você, eu lhe proponho algumas reflexões.

Assim como fizemos ao abordar as emoções positivas, a ideia é criar intencionalmente mais momentos de *flow* em sua vida. Escolha viver mais momentos em estado de fluxo!

Para ajudar você a pensar sobre esse assunto, peço que você responda às seguintes questões:

• Que atividades costumam me levar ao estado de *flow* e que eu costumo fazer? O que me impede de realizá-las mais frequentemente?

• Que atividades costumavam me levar ao estado de *flow*, mas hoje raramente eu faço? O que me impede de resgatá-las?

• Que atividades eu acredito que me levariam ao estado de *flow*, mas eu nunca experimentei fazer? O que me impede de tentar?

• O que eu posso fazer a partir de agora para superar as eventuais barreiras e passar a explorar todas estas possibilidades de viver estados de *flow*?

Permita-se. Não se entregue à insegurança, foque no seu propósito, trabalhe sua motivação interna, não se deixe imobilizar pelo medo ou pela culpa, não se apegue demais ao Ego, não perca o foco comparando-se aos outros, não se torne dependente da aprovação alheia. Se você chegou até aqui já entendeu que quem precisa ser um especialista em você mesmo é você.

Mas, atenção! O estado de *flow* contribui para a formação do bem-estar, no entanto, sozinho não é garantia de felicidade. Há artistas, por exemplo, que entram em *flow* quando estão exercendo sua atividade e, no entanto, são pessoas tristes e até depressivas.

ESCOLHA FLORESCER CULTIVANDO RELACIONAMENTOS POSITIVOS

Relacionamentos positivos não são apenas mais um elemento do bem-estar subjetivo. Para os pesquisadores de Universidade de Harvard, que realizam o mais longo Estudo Sobre o Desenvolvimento Adulto, iniciado há exatos 80 anos, esse é "o" elemento.

Segundo o atual diretor do estudo, o psiquiatra americano Robert Waldinger, todas as pesquisas indicam que o importante para nos mantermos felizes e saudáveis ao longo da vida é a qualidade dos nossos relacionamentos.

(www.ted.com/talks/robert_waldinger_what_makes_a_good_life_lessons_from_the_longest_study_on_happiness)

E aqui há um recado importante para você, jovem leitor. Em sua memorável palestra TED, o acadêmico americano começa dizendo que, em uma pesquisa realizada com jovens da Geração Y, perguntaram a eles quais eram seus objetivos mais importantes na vida. Curiosamente, mais de 80% disseram que era ficar rico e 50% alegaram que um segundo grande objetivo de vida era ficar famoso. No entanto, o estudo conduzido há décadas com centenas de pessoas e seus descendentes chegou a uma conclusão bem diferente: são os bons relacionamentos que mantêm as pessoas mais felizes e saudáveis. A pesquisa deixou claro como uma boa parcela da juventude americana (no caso) ainda se deixa seduzir pelo moderno canto da sereia que habita no inconsciente coletivo de nossa sociedade, prometendo felicidade através da riqueza, da fama e de grandes conquistas. Quantas vezes nós também já pensamos assim? Você não?

Waldinger conta-nos que aprendeu três lições importantes. A primeira é que, em média, pessoas socialmente mais conectadas com a família, com amigos e com a comunidade são mais felizes, mais saudáveis e vivem mais do que as pessoas com poucas conexões. A segunda lição, no entanto, alerta que é a qualidade dos seus relacionamentos mais próximos que importa. Viver no meio de conflitos é prejudicial à nossa saúde. A terceira grande lição é que relacionamentos positivos fazem bem não somente ao nosso corpo, mas também ao nosso cérebro.

Você tem investido em relacionamentos positivos? Sempre que faço essa pergunta em uma sala de treinamento, alguém aparece para perguntar se existem relacionamentos negativos. Eu penso que sim. Aqueles relacionamentos onde predominam o sentimento de posse, o ciúme, o desrespeito, o autoritarismo, a agressividade, a dependência patológica, entre outros.

Você tem observado a qualidade de seus relacionamentos? Você já se conhece e se respeita o suficiente para escolher relacionamentos que valorizem você pelo que você é e não pelo quanto você pode ser útil aos interesses alheios? Você já se ama o suficiente para não aceitar qualquer tipo de relacionamento apenas por carência? Você já se habituou a estar em contato íntimo com você mesmo, a ponto de ter claro o que quer e não seguir os outros apenas porque eles assim desejam? Você vem exercitando a amorosidade ou ainda está no nível egocêntrico e deseja apenas receber, nunca doar? Você já percebeu que relacionamentos são vias de mão dupla?

Com quem estivermos, se estivermos autoconscientes, melhores serão as chances de desenvolvermos relacionamentos positivos. Se conseguirmos minimizar os "gritos" do Ego, também.

Você tem cuidado amorosamente de seus relacionamentos mais próximos? Se você ainda é jovem, pode ser que ainda não tenha percebido, mas com a correria do cotidiano a gente costuma descuidar de relacionamentos importantes, inclusive dos mais próximos. Não sei se já aconteceu com você, mas às vezes passam meses sem que a gente se lembre de visitar nossos avós, passam dias sem darmos um oi para o irmão ou a irmã que estão morando em outra cidade, chegam a passar dias sem que a gente pare para fazer um carinho na mãe ou no pai, que estão ali na sala ao lado. E nossos amigos, aqueles que por um bom tempo da juventude foram o centro do nosso universo relacional, se a gente não cultivar, podem perder-se pelo caminho.

Médicos que trabalham com doentes terminais relatam que em seus últimos momentos de vida esses doentes costumam citar como um de seus maiores arrependimentos o tempo que deixaram de dedicar às pessoas que elas amavam. Você tem dito "eu te amo" para quem você ama?

Relacionamentos positivos alimentam a nossa alma, costumam fortalecer nosso senso de propósito, trazem alegria, diversão e muitas emoções positivas. Quando passamos, intencionalmente, a cultivar com mais cuidado os nossos relacionamentos, aumentamos significativamente o nosso bem-estar positivo e sentimos mais intimamente as alegrias do florescimento.

ESCOLHA FLORESCER CULTIVANDO SENTIDO

Saia do seu mundinho! Ouse dedicar-se a uma causa maior do que você mesmo. É assim que agem as pessoas mais felizes. A busca de sentido é inerente ao ser humano, como já vimos em capítulos anteriores. Sentido, ou significado, ou propósito é o outro elemento do bem-estar subjetivo e um dos principais norteadores da vida em plenitude. O melhor de nossa humanidade surge quando vamos além de nossas necessidades pessoais e de nossos interesses próprios. Relembrando Viktor Frankl, é quando somos capazes de autotranscender, superando condicionamentos psicológicos, biológicos e sociais para encontrar uma necessidade a pedir a nossa contribuição, para cuja solução decidimos dedicar nossos esforços, nossa energia, nossos talentos, nossos pontos fortes e nossa vida.

Esse é um trabalho para a vida toda, como também já dissemos. E cada um o realiza do seu modo e no seu ritmo. Nem sempre é algo considerado grandioso pelo senso comum, como trabalhar na Cruz Vermelha, por exemplo. Conheço pessoas cujo sentido da vida é cuidar de um filho portador de necessidades especiais. Conheço outros que trabalham pela melhoria da educação pública. Outros estão labutando na política, lutando por mais justiça social ou liderando uma comunidade. Tenho amigos na África, cuidando de crianças doentes, em povoados sem luz nem água. Eu mesmo encontrei sentido e propósito no trabalho de ajudar pessoas a desenvolverem os seus potenciais. O sentido de vida da minha mãe foi criar os filhos, manter o lar e estar ao lado de meu pai nas lutas que enfrentaram juntos.

O sentido é descoberto por cada um. E todos são importantes. Quando sentimos que nosso trabalho é útil, que estamos beneficiando alguém ou uma causa além de nós, que estamos contribuindo, este sentimento aumenta nossos níveis de bem-estar de forma exponencial. Além disso, se temos um propósito, potencializamos todos os outros elementos do bem-estar subjetivo, pois nos colocamos em movimento por uma causa, gerando mais relacionamentos positivos, desfrutando de frequentes emoções positivas, engajando-nos em tarefas nas quais aplicamos nossos talentos e habilidades e, dessa forma, deixamos um legado e transformamos em ação as nossas potencialidades.

Procurar intencionalmente o sentido é realizar o trabalho de autoconhecimento que temos abordado desde o início desta obra, desenvolvendo uma identidade plena; é estar de mente, coração e vontade abertos ao observar o mundo, é usar a mente intuitiva para sentir e não apenas saber o que fazer. É estar presente nas menores e nas grandes coisas. É não se fechar e não se permitir murchar pelo medo, pelo pensamento fragmentado, pelo egocentrismo e pela reatividade. É ser proativo e aprender a dar respostas pessoais aos acontecimentos da vida, fugindo do espírito de manada e dos modismos.

ESCOLHA FLORESCER CULTIVANDO REALIZAÇÕES

Esse é o último, e nem por isso menos importante, elemento do bem-estar. Nós temos uma necessidade íntima de sentir e saber que contribuímos, que realizamos algo importante, que deixamos um legado, que não apenas encontramos o sentido, mas trabalhamos ativa e concretamente por ele. Quando olhamos para trás e constatamos que fizemos coisas bacanas das quais nos orgulhamos, temos um desejo ainda maior de realizar mais.

Mas, se você é um jovem leitor, pode ser que queira me dizer que não realizou nada de tão importante ainda, pois nem teve tempo para isso.

Primeiramente, há pequenos gestos que são tão importantes quanto grandes obras. Talvez você já tenha feito muitos deles sem se dar conta. Em segundo lugar, quero que você pense em realização como vida realizadora. Não como algo estanque em determinado espaço de tempo, mas como um caminhar em que você vai tornando-se capaz de atingir seus objetivos, sejam aqueles mais imediatos, como "passar de ano" na escola ou na faculdade, sejam objetivos mais amplos, ligados ao seu propósito de vida.

Lembra-se do voo 254 da Varig, que estudamos no capítulo 5? E você, tem claro o rumo que deseja seguir? Tem uma relação atualizada de seus objetivos? Está caminhando na direção deles ou voando na direção oposta?

Não esqueça que 40% dependem de suas atividades intencionais. Não esqueça que você será mais efetivo se partir dos seus pontos fortes, sendo íntegro e autêntico. Não esqueça de que será mais pleno se aplicar seus talentos, virtudes, inteligências, perfil psicológico e o que aprendeu com as experiências da vida para realizar seus projetos. Não esqueça que o mundo aguarda sua contribuição para que se transforme no mundo que tanto desejamos. Não se esqueça de colocar o Self – seu Eu Maior - no banco do piloto, deixando o Ego no assento do copiloto. Não se esqueça de ir além de você mesmo, praticando a autotranscendência no que fizer. Não se esqueça de ser grato desde a caminhada e agradecer profundamente a cada conquista.

Contudo, não se engane. Nada disso virá sem esforço. É preciso interesse legítimo, garra e persistência. Você terá que tentar várias vezes, terá que fortalecer sua resiliência e sua esperança, sem perder a noção de propósito. A professora e pesquisadora americana Angela Duckworth, mestre em Neurociência, em seu excelente livro "Garra – O Poder da Paixão e da Perseverança", resume perfeitamente o que você precisa saber para não ser enganado pela ilusão de que o talento basta:

> Habilidade não é o mesmo que sucesso. Sem esforço, seu talento não passa de potencial não concretizado. Sem esforço, sua habilidade não passa do que você poderia ter feito, mas não fez. (DUCKWORTH, 2, p. 63).

Portanto, aja! Acredite em você! Vem florescer! Vem abrir os presentes recebidos, desenvolver seus potenciais e encontrar o significado mais profundo da existência.

Foi Abraham Maslow, aquele da pirâmide, que disse:

> "Se você planeja ser qualquer coisa menos do que você é capaz, provavelmente você será infeliz todos os dias de sua vida."

Gabriela, Vítor, Ariel, Clara, Ítalo Heloísa, Henrique, Pedro, Lucas, Marcela, Theo, Sabrina, Beatriz, Levi, Tobias, Fernanda, Prata, Raquel, e cada jovem leitor deste livro (de corpo e de alma), vocês trazem em si um universo de possibilidades ilimitadas. Não se contentem com menos.

Eu vos convido a florescer!

Se você quiser continuar esta conversa sobre Florescimento, assista ao vídeo que fizemos sobre este tema, acessando-o pelo QR Code abaixo, e deixe lá os seus comentários. Eu terei enorme prazer em ler e responder.

10

FAÇA UMA TORTA SALGADA

Este capítulo não começa com uma história, pois essa história ainda não foi escrita. Ela será escrita por você. Uma história que falará sobre tentativa e erro, sobre ousadia, sobre enfrentar o desconhecido e, acima de tudo, sobre descobertas.

E, se você não sabe como começar, eu quero lhe fazer uma sugestão: faça uma torta salgada.

Como assim?

Eu explico. Por muito tempo eu quis comer uma torta salgada, daquelas preparadas no liquidificador, do jeito que eu acho que ela deveria ser. Mas eu tinha medo de não dar certo, tinha receio de desperdiçar os mantimentos, de sujar demais a cozinha, de não acertar o ponto, a temperatura do forno, a quantidade de sal e, principalmente, de não ficar bom o recheio que eu queria tanto provar, e que contaria com ingredientes diferentes daqueles que outras pessoas da família costumavam utilizar. Tinha receio do que os outros achariam da minha torta.

Não é assim que acontece com muitas coisas em nossa vida? Queremos tentar algo diferente, seguir nossos instintos, elaborar nossa própria receita e somos paralisados pelo receio de errar ou pelo medo do julgamento alheio.

E era justamente sobre esse assunto que eu estava escrevendo, nos capítulos iniciais deste livro, quando resolvi quebrar aquele bloqueio. Eu estava travado em um parágrafo que não fluía como eu queria, não sabia ainda o que iria almoçar e decidi: "Quer saber? Eu vou fazer esta torta salgada do meu jeito agora mesmo".

Eu tinha uma noção dos ingredientes necessários, fui até o supermercado e comprei o que faltava, incluindo os que seriam parte da minha "intervenção criativa".

Resolvi não pedir ajuda para ninguém que pudesse me dizer – deixa que eu faço!... Não! Eu queria provar que seria capaz de fazer aquela torta. Procuraria uma receita na *internet* e então eu seguiria ou não seguiria o que achasse que deveria seguir ou não seguir. Você já tentou encontrar uma receita de torta salgada pela internet? Se você o fizer, vai descobrir que uma receita não bate com a outra. Há diferenças significativas entre elas. Mas isso não acontece só com as tortas, acontece com quase tudo e se torna ainda mais diversificado quanto mais a receita é complexa (o que não era o caso da torta, obviamente).

É como na vida, não é? Cada um dá seu toque pessoal ao que faz. Cada um vê a questão de um jeito. E mesmo que haja algum senso comum, nos detalhes sempre há ajustes, acréscimos, subtrações, pequenas variações e adaptações, conforme o gosto, as possibilidades, os recursos e o entendimento de cada pessoa.

Pois bem, como saber qual a melhor receita para tomar como base? Como saber se daria certo ou não? Somente tentando! Somente fazendo! Literalmente, colocando a mão na massa. Era preciso começar de algum ponto e assim, seguindo mais a minha intuição do que o meu conhecimento, escolhi uma das receitas para ser o ponto de partida da minha receita de torta salgada.

Decidi fazer algumas substituições e colocar o recheio diferente do que eu havia planejado. E sabe o que eu descobri? Que mesmo tendo visto a minha mãe e minha esposa fazerem esse tipo de torta tantas vezes, e mesmo assistindo uma pessoa ensinando a fazer essa torta por um vídeo no Youtube, o que parecia tão simples ao ser observado tinha lá seus imprevistos e dificuldades na prática. Será que aquela farinha era suficiente? Será que é normal grudar assim no liquidificador? Será que não devia ter batido mais tempo? Será que os ovos eram pequenos? Será que esta forma é muito baixa? Será que vai ficar bom sem salsinha? Será que posso abrir o forno para ver se está crescendo?

E assim será na vida também, quando você decidir experimentar e se colocar em ação. Vai ver que o que parecia tão simples na teoria será mais complexo na prática. Vai descobrir que nem tudo foi dito, vai precisar tomar decisões inicialmente não previstas, vai errar, vai acertar, vai ficar inseguro, vai tomar consciência de certas incompetências suas, vai pensar que não devia ter-se metido naquela encrenca.

E no fim, com um pouco de sorte, pode ser que sua torta fique maravilhosa. A minha não ficou. Faltou sal e podia ter assado um pouco mais. Porém eu fiquei muito orgulhoso de mim mesmo por ter tentado. Foi o meu almoço naquele dia e no seguinte também. Eu finalmente perdi o medo de me arriscar naquele desafio.

Você arriscará e nem sempre acertará. E sabe como vai conseguir melhorar seus resultados? Tentando de novo. E de novo. E de novo. Observando e anotando o que funciona e o que não funciona. Preparando-se melhor. Buscando ajuda de quem já passou por algo semelhante. Buscando melhores recursos. Experimentando.

E sabe qual será o efeito colateral desse processo? Você vai aprender, vai crescer, vai se conhecer mais, vai se tornar mais autoconfiante, vai poder compartilhar o que aprendeu, vai poder propor outras formas de fazer, vai se sentir realizando, vai poder dividir sua torta com alguém, vai criar conexões, fazer descobertas, ampliar seus saberes - vai se sentir vivo e humano!

Não espere mais. Se você não sabe por onde começar, comece fazendo uma torta salgada. Ou, se preferir, uma omelete, um bolo ou qualquer outra receita que você nunca tenha feito.

E quando tiver terminado bata uma foto e mande para mim pelo *email* contato@cesartucci.com.br ou poste no seu Facebook ou Instagram e me marque, escrevendo o que você aprendeu com esta experiência.

Segue abaixo o QR Code para acesso ao meu *blog*, onde você encontrará todas as formas de entrar em contato comigo.

CONCLUSÃO

Quando iniciei o projeto que culminaria com a publicação deste livro, precisei aprender duas lições fundamentais. A primeira lição é que eu não conseguiria falar a todos ao mesmo tempo. A segunda, é que eu não conseguiria dizer tudo o que há para dizer sobre qualquer tema, muito menos sobre a questão do sentido da vida e do trabalho.

Escolhi me dirigir aos jovens e, por tabela, aos pais, avós, tios, cuidadores, educadores, mentores, *coachs*, administradores, líderes e todos aqueles que, de uma forma ou de outra, convivem com eles ou possuem a grande missão de orientar as novas gerações.

Não foi uma escolha aleatória. Foi uma questão de afinidade e de propósito de vida. O trabalho com jovens começou em minha vida quando eu também era jovem e permeou minha existência em todos os campos: religioso, pessoal, familiar, profissional. Nesse campo, ações educacionais realizadas durante os últimos três anos na esfera universitária me aproximaram ainda mais de suas angústias, medos e dilemas.

Coincidentemente, meus filhos, sobrinhos, enteados, e filhos de amigos meus ingressaram nessa etapa de incertezas e extremos desafios cognitivos e emocionais típicos da fase pré-vestibular, dos extenuantes vestibulares, dos estágios, da busca do primeiro emprego e do ingresso no mercado profissional, lutando contra incertezas pela conquista da autonomia.

Paralelamente, pesquisando sobre o assunto, conheci vários casos de profunda desmotivação, depressão, pânico e até desejos suicidas entre jovens que aparentemente tinham tudo para estar bem – pessoas inteligentes, empáticas, sensíveis, com elevado senso de responsabilidade, preocupadas com questões humanitárias e ambientais, que não estavam conseguindo se "encaixar" nos modelos sociais vigentes, mas também não estavam encontrando forças para tentar mudar esses modelos e criar o mundo que desejavam.

Confesso que me identifiquei. Senti de forma semelhante quando foi a minha vez de atravessar essa fase da vida. Pensei nas coisas que aprendi depois e que gostaria de ter aprendido antes. Pensei no amor que sinto por meus filhos, nas conversas que já tivemos e em como eu poderia falar com a mesma amorosidade a jovens que eu talvez nunca venha a conhecer pessoalmente. Pensei em cada jovem daqueles que desistiram de viver e em como poderia ter sido diferente se eles tivessem tido a oportunidade de mudar sua forma de ver a si e ao mundo. Pensei nos jovens carentes, que mal foram alfabetizados e se tornaram analfabetos funcionais e na nossa dívida coletiva para com eles. Pensei nos diversos representantes das novas gerações que estão chegando ao mercado de trabalho, muitos em posição de liderança, tendo por missão desenvolver pessoas, apesar de mal conhecerem a si próprios.

Aí estava o meu público e o foco da minha abordagem. Este livro foi escrito para que cada jovem leitor (de corpo ou de alma) entenda que tem valor por ser humano, independentemente do seu sobrenome, da sua classe social, do seu saldo bancário, do seu cargo, das suas preferências sexuais, dos seus diplomas, da sua etnia, da sua crença, dos seus fracassos ou sucessos.

Escrevi na intenção de ajudá-los a abraçar a sua singularidade, empreendendo uma viagem pelo universo do autoconhecimento, reconhecendo-se portadores de forças, talentos e vivências equalizadas de forma a torná-los únicos, incomparáveis e insubstituíveis.

Conversamos sobre vocação, sentido da vida e propósito, deixando claro que esse é um trabalho para uma vida inteira, que deve nos aproximar de nossa essência e não se tornar apenas mais um modismo alimentado pelos gurus da atualidade. Não há nada errado em ter mais dúvidas e perguntas do que certezas e respostas em dado momento. Tudo o que realmente importa leva tempo, exige foco, esforço e paciência.

Conclamamos o leitor a construir o mundo que tanto deseja. Questionar os modelos e atuar para transformá-los, ainda que, em algum momento da vida – principalmente no início da caminhada profissional, seja obrigado a conviver com trabalhos que não passam de empregos para garantir o seu sustento material, até que seja possível fazer carreira, se esta for a sua escolha, e chegar ao trabalho missão, sempre oferecendo a sua melhor contribuição durante todo esse trajeto, incondicionalmente.

Convidamos os representantes das novas gerações a florescer, cultivando emoções e relacionamentos positivos, engajando-se em atividades em que utilizem suas forças e habilidades pessoais, sem perder o senso de propósito e trabalhando persistentemente pelos seus objetivos.

Chamamo-los à responsabilidade no que se refere a fazer a parte que lhes cabe, bem como pelo compromisso de lançar olhar atento aos que possuem bem menos, para os quais as oportunidades são raras. Que se importem com as pessoas e avaliem de que forma poderiam contribuir para o futuro delas também.

Em todos os capítulos falamos sobre autoconsciência. Sair do egocentrismo e do etnocentrismo para o pluralismo e, se possível, para o mundicentrismo, superando o estágio de dependência, passando pela independência até chegar à interdependência e, a partir de uma visão mais holística, trabalhar ainda mais fortemente a sua espiritualidade, reconhecendo-se como parte de um todo muito mais amplo, desenvolvendo a consciência de que cada ato seu impactará a vida dos demais, direta ou indiretamente, pois estamos todos solidariamente conectados.

Em todas as páginas, mesmo quando falamos de trabalho, de carreira, de sucesso e conquistas, tentamos fazer com que esta noção de espiritualidade estivesse presente. A espiritualidade como contraponto à ideia reducionista de uma vida limitada às manifestações orgânicas do mundo material, como se fôssemos apenas um aglomerado de células governadas por reações eletroquímicas e só nos importassem o prazer e o gozo do momento imediato. A espiritualidade ligada à ideia de transcendência, ou autotranscendência, tantas vezes abordada por nós, em que sejamos capazes de ir além dos condicionamentos limitantes e trazer à tona toda a grandeza da nossa humanidade, vencendo os bloqueios do materialismo, da indiferença e da insensibilidade que nos cegam para a nossa própria luz.

Foi um prazer dividir com você esta breve viagem. Estive presente trazendo o melhor de mim. Agradeço o seu interesse e a sua entrega. Se fez sentido para você, divulgue, compartilhe, indique a leitura, empreste seu livro para quem você ama, ou peça que compre um.

Precisamos criar uma massa crítica de pessoas que acreditem que podemos fazer mais e melhor do que temos feito e construir juntos o mundo melhor que tanto desejamos.

Como eu disse acima, era impossível dizer tudo o que há para dizer. E você, com certeza, terá muitas sugestões e testemunhos a oferecer. Eu adoraria recebê-los de alguma forma.

Conto com você! Muito obrigado! ...

FAZ SENTIDO PRA VOCÊ?

LEITURAS RECOMENDADAS

Querido leitor,

Relaciono a seguir algumas obras que fundamentaram meu trabalho e que sugiro que você leia, caso deseje aprofundar-se nos temas propostos. Algumas interessarão mais aos jovens leitores, outras falarão mais de perto aos pais, educadores, líderes, gestores, mentores, conforme o caso.

Eu li total ou parcialmente a maior parte deles, mas existem outras excelentes obras no mercado. Uma última dica: invista na ampliação da sua consciência: **leia mais!**

ACHER, Shawn. **O Jeito Harvard de Ser Feliz:** o curso mais concorrido da melhor universidade do mundo. 1ª ed. São Paulo: Editora Saraiva, 2015.

BARRET, Richard. **Criando Uma Organização Dirigida por Valores.** 1ª ed. São Paulo: Prolíbera Editora, 2009.

BARRET, Richard. **Libertando a Alma da Empresa**: Como transformar a organização numa entidade viva. 1ª ed. São Paulo: Editora Cultrix, 1998.

BARROS Filho, Clóvis; MEUCCI, Arthur. **A Vida que Vale a Pena Ser Vivida.** 12ª ed. Petrópolis: Vozes, 2014.

BROWN, Brenè. **A Arte da Imperfeição:** Abandone a pessoa que você acha que deve ser e seja você mesmo. 1ª ed. Ribeirão Preto, SP: Editora Novo Conceito, 2012.

BROWN, Brenè. **A Coragem de Ser Imperfeito:** Como aceitar a própria vulnerabilidade, vencer a vergonha e ousar ser quem você é pode levá-lo a uma vida mais plena. 1ª ed. Ribeirão Preto, SP: Editora Novo Conceito, 2012.

CAIN, Susan. **O Poder dos Quietos para Jovens**: Como fortalecer as capacidades secretas da nova geração de introvertidos. 1ª ed. Rio de Janeiro: Editora Sextante, 2017.

COVEY, Sean. **Os 7 Hábitos dos Adolescentes Altamente Eficazes.** 14ª ed. Rio de Janeiro: Editora Best Seller, 2008.

COVEY, Stephen R. **Os 7 Hábitos das Pessoas Altamente Eficazes:** Lições poderosas para a transformação pessoal. 30ª ed. Rio de Janeiro: Editora Best Seller, 2007.

COVEY, Stephen R. **O 8º Hábito:** Da eficácia à grandeza. 30ª ed. Rio de Janeiro: Editora Elsevier, 2005.

DIAMANDIS, P. H.; KOTLER, S. **Abundância**: O futuro é melhor do que você imagina. 1ª ed. São Paulo: HSM Editora, 2012.

DUCKWORTH, Angela. **Garra:** O Poder da Paixão e da Persistência. 1ª ed. Rio de Janeiro: Editora Intrínseca, 2016.

FRANKL, Viktor E. **Em Busca de Sentido.** 32ª ed. Petrópolis: Vozes, 2008.

FREDRICKSON, Barbara L. **Amor 2.0:** A ciência a favor dos relacionamentos. 1ª ed. São Paulo: Companhia Editora Nacional, 2015.

GARCIA, H.; MIRALLES, F. **IKIGAI:** Os segredos dos japoneses para uma vida longa e feliz. 1ª ed. Rio de Janeiro: Editora Intrínseca, 2018.

GLADWELL, Malcolm. **Fora de Série Outliers:** Descubra porque algumas pessoas têm sucesso e outras não. 1ª ed. Rio de Janeiro: Sextante, 2008.

GOLEMAN, Daniel. **O Foco Triplo:** Uma nova abordagem para a educação. 1ª ed. Rio de Janeiro: Objetiva, 2015.

JENSEN, Frances E. **O Cérebro do Adolescente**: Guia de sobrevivência para criar adolescentes e jovens adultos. 1ª ed. Rio de Janeiro: Editora Intrínseca, 2016.

KAMEI, Helder. **Flow e Psicologia Positiva**: Estado de fluxo, motivação e alto desempenho. 1ª ed. Goiânia: Editora IBC, 2014.

MACKEY, John. **Capitalismo Consciente**: Como libertar o espírito heroico dos negócios. 1ª ed. São Paulo: HSM Editora, 2013.

MASON, Paul. **Pós-Capitalismo**: Um guia para o nosso futuro. 1ª ed. São Paulo: Companhia das Letras, 2017.

MEIRA, Luciano A. **A Segunda Simplicidade**: Bem-estar e produtividade na era da sabedoria. 1ª ed. Goiânia: Caminhos Vida Integral, 2017.

MYCOSKIE, Blake. **Comece Algo que Faça a Diferença.** 1ª ed. Belo Horizonte: Editora Voo, 2014.

PINK, Daniel H. **Motivação 3.0:** Os novos fatores motivacionais para a realização pessoal e profissional. 1ª ed. Rio de Janeiro: Elsevier, 2010.

SELIGMAN, Martin E. P. **Florescer:** Uma nova compreensão sobre a natureza da felicidade e do bem-estar. 1ª ed. Rio de Janeiro, Objetiva, 2011.

SENGE, Peter M. **A Quinta Disciplina:** Arte e prática da organização que aprende. 1ª ed. Rio de Janeiro: BestSeller, 2006.

SINEK, Simon. **Por Quê?**: Como motivar pessoas e equipes a agir. 1ª ed. São Paulo, Editora Saraiva, 2012.

SMITH, Emily E. **O Poder do Sentido**: Os quatro pilares essenciais para uma vida plena. 1ª ed. Rio de Janeiro: Objetiva, 2017.

TANAKA, Gustavo. **Depois do Despertar**: O fim da separação e o surgimento de uma nova sociedade. 1ª ed. Bauru, SP: Ideia Editora, 2016.

WATTS, Alan. **A Sabedoria da Insegurança**: Como sobreviver na era da ansiedade. 1ª ed. São Paulo: Alaúde Editorial, 2017.

WIGGLESWORTH, Cindy. **SQ21:** The Twenty-one skills of Spiritual Intelligence. 1ª ed. New York: SelectBooks, 2014.

WILLIAMS, M.; PENMAN, D. **Atenção Plena Mindfulness**: como encontrar a paz em um mundo frenético. 1ª ed. Rio de Janeiro: Editora Sextante, 2015.

ZOHAR, D.; MARSHALL, I. **QS Inteligência Espiritual:** Aprenda a desenvolver a inteligência que faz diferença. 1ª ed. Rio de Janeiro: Viva Livros, 2012